# 智能科技与图书馆
——智慧化时代图书馆的角色与使命

邹 红 高爱芝 著

陕西新华出版
陕西人民教育出版社
·西安·

图书在版编目（CIP）数据

智能科技与图书馆：智慧化时代图书馆的角色与使命 / 邹红, 高爱芝著. -- 西安：陕西人民教育出版社, 2024.8. -- ISBN 978-7-5757-0209-6

Ⅰ.G250.76

中国国家版本馆 CIP 数据核字第 202451WK34 号

## 智能科技与图书馆——智慧化时代图书馆的角色与使命
ZHINENG KEJI YU TUSHUGUAN——ZHIHUIHUA SHIDAI TUSHUGUAN DE JUESE YU SHIMING

邹　红　高爱芝　著

| | |
|---|---|
| 出版发行 | 陕西人民教育出版社 |
| 地　　址 | 西安市丈八五路 58 号 |
| 邮　　编 | 710077 |
| 网　　址 | http://www.snepublish.com |
| 经　　销 | 各地新华书店 |
| 印　　刷 | 天津旭丰源印刷有限公司 |
| 开　　本 | 710 毫米 ×1000 毫米　1/16 |
| 印　　张 | 12.625 |
| 字　　数 | 204 千字 |
| 版　　次 | 2025 年 1 月第 1 版 |
| 印　　次 | 2025 年 1 月第 1 次印刷 |
| 书　　号 | ISBN 978-7-5757-0209-6 |
| 定　　价 | 78.00 元 |

版权所有·未经许可不得采用任何方式擅自复制或使用本产品任何部分·违者必究

# 序　言

随着数字技术的蓬勃发展和信息时代的崛起,图书馆领域正在发生深刻而迅速的变革。传统的图书馆,作为收纳书籍和提供阅读空间的场所,正经历着数字化转型的巨大冲击。这一数字化转型不仅仅是技术的迭代升级,更是图书馆使命和角色的重新定义,是服务模式和用户需求的彻底改变。数字化转型的崭新篇章不仅拓宽了图书馆的服务领域,也为用户带来了前所未有的便捷和机会。数字资源的丰富与多样化,数字技术的普及与创新,为用户提供了更广阔的知识世界,更便捷的信息获取途径,更个性化的学习与研究体验。但与此同时,数字化时代也带来了新的挑战,包括信息过载、隐私保护、知识管理等一系列复杂问题。

本书旨在深入研究数字化转型在图书馆领域的新技术应用与创新实践,将探讨数字化图书馆的建设与管理,新技术在图书馆中的应用,数字化服务创新,用户体验设计,数字资源管理与知识组织,以及数字化社交媒体、数字化文化遗产保存等多个方面的关键问题。通过分析国内外最新的案例和实践,为图书馆界提供最新的研究成果和实践经验,以帮助图书馆更好地应对数字时代的挑战,从而为用户提供更优质的服务。

# 目 录

**第一章 引 言** / 001

 第一节 数字化转型的背景与动机 / 001

 第二节 研究目的与重要性 / 005

**第二章 图书馆数字化转型的理论框架** / 010

 第一节 数字化转型的概念、特定含义、关键因素与意义 / 010

 第二节 数字化图书馆的发展历程 / 017

 第三节 数字化转型的理论模型 / 033

**第三章 数字化图书馆建设与管理** / 046

 第一节 数字资源的采集与管理 / 046

 第二节 开放获取与数字化存储 / 064

 第三节 数字图书馆的空间设计与规划 / 077

**第四章 新技术在图书馆中的应用** / 087

 第一节 人工智能与自动化技术 / 087

 第二节 大数据分析与知识发现 / 101

 第三节 虚拟现实与增强现实技术 / 106

## 第五章　数字化服务创新 / 110

第一节　数字化参考咨询与服务 / 110
第二节　虚拟图书馆与在线学习支持 / 120
第三节　创新数字化项目案例研究 / 136

## 第六章　数字化时代的用户体验 / 143

第一节　用户界面设计与用户体验研究 / 143
第二节　移动应用与个性化服务 / 154
第三节　数据隐私与信息安全 / 162

## 第七章　数字资源与知识管理 / 165

第一节　数字化藏书与特藏管理 / 165
第二节　开放数据与数字人文研究 / 167
第三节　知识组织与语义网技术 / 176

## 第八章　结论与建议 / 184

第一节　研究总结与贡献 / 184
第二节　为图书馆数字化转型提供的建议 / 188

**参考文献** / 193

# 第一章 引 言

## 第一节 数字化转型的背景与动机

### 一、数字化转型的背景

#### （一）信息技术的高速发展

随着互联网、移动设备、数据存储与处理技术等的日新月异，图书馆正迅速步入数字化时代。在这样的背景下，图书馆的数字化转型俨然已成为一种必然趋势。数字化资源的获取和共享，已经变得触手可及、随处可行，这为图书馆的数字化转型提供了坚实的技术基础。在过去的十年里，大数据、云计算、人工智能等先进技术的应用，已经使得图书馆的运营模式发生了翻天覆地的变化。现在，图书馆不再仅仅是纸质书籍的收藏地，还是各种数字资源的汇聚中心。无论是电子书籍、期刊论文、报纸报道，还是电影、音乐、在线课程等多媒体资源，都可以在图书馆里轻松获取。这种数字化转型带来的便利性，对于读者来说是显而易见的。他们可以随时随地通过移动设备访问图书馆的数字资源，不受时间和地点的限制。此外，通过人工智能技术，图书馆还能根据读者的阅读习惯和兴趣，为他们推荐合适的书籍和资源，提供更加个性化的服务。然而，图书馆的数字化转型并非一帆风顺。随着电子资源的普及，纸质书籍的借阅量可能会下降，这对图书馆的运营会造成一定的影响。此外，数字资源的版权问题也需要引起重视——防止盗版和侵权行为的发生。尽管如此，数字化转型已经成为图书馆发展的必然趋势。通过不断的技术创新和服务升级，图书馆将继续在人们的日常生活中发挥重要的

作用。未来，将有更多更先进的技术应用到图书馆中，从而为读者提供更加丰富、更加便捷的数字化服务。

## （二）用户需求的变化

数字化风潮席卷的时代，用户对信息的需求和获取方式显然已发生了翻天覆地的变化。曾经，图书馆是人们寻求知识、获取信息的首选之地，但如今，随着电子设备的普及和互联网技术的飞速发展，用户越来越多地依赖电子设备来获取信息和知识。这种变化趋势对传统纸质资源的需求产生了深远的影响，图书馆面临着前所未有的挑战。在过去，人们在图书馆获取的是各种类型的书籍、期刊和报纸等纸质资源；现在，随着数字化时代的到来，通过电子设备，人们在互联网上可以获取大量的信息和知识——不再需要去图书馆查找纸质资源。根据数据统计，近年来图书馆的纸质资源借阅量已经下降了约30%，而电子资源的借阅量却呈逐年上升的趋势，传统的图书馆运营模式已经不能满足现代用户的需求——数字化时代需要为读者提供更多的电子资源和在线服务。为此，图书馆必须紧跟时代步伐，如通过建立数字化图书馆、提供在线借阅服务、开展数字化课程等方式，以满足用户对信息和知识的需求。

## 二、数字化转型的动机

### （一）提升服务质量

数字化时代，传统的图书馆正面临着前所未有的挑战，因此，图书馆数字化转型就成为必然。通过在线检索、电子图书下载、远程参考咨询等数字化服务，图书馆不仅可以提高用户满意度，还可以扩大服务范围，吸引更多的读者。

第一，数字化转型可以为用户提供更加便捷的服务。传统的图书馆服务往往需要读者亲自前往图书馆，排队等待借阅或咨询，而数字化图书馆可以提供在线检索和电子图书下载等服务，读者只需要在电脑或手机上操作，便可以轻松获取所需资料。这种服务方式不仅可以节省读者的时间和精力，还可以提高图书馆的资源利用率。第二，数字化转型可以提供更加多样化的服务。传统的图书馆服务往往以实体图书借阅为主，而数字化图书馆还可以为读者提供远程参考咨询、在线讲座、数字特藏等多种服务。这些服务不仅可以满足读者的多元化需求，还可以增强图书馆的吸引力和影响力。第三，数字化转型可以提高用户满意度。数字化图书馆可以更好地满足读者的需求，提高服务质量。读者可以通过在线检索和电子图书下载轻松获取所需资料，也可以通过远程参考咨询得到专业的指导和服务。这些服务不仅可以提高读者的满意度，还可以增强图书馆与读者间的互动和联系。

### （二）拓展资源范围

数字化转型赋予了图书馆全新的生命和活力——在传统纸质文献传递和储存的基础上，通过引入多种形式的电子资源，如电子书籍、电子期刊、电子数据库等，让用户获取信息的途径得到极大的拓展。这种变革不仅使得馆藏资源有了极大的丰富，同时也满足了读者更高的信息需求，从而使得人们的视野有了极大的拓展。在数字化转型的推动下，图书馆不再是一幢沉寂的藏书楼，而是变成了一个活跃的信息交流平台：读者可以通过电脑、手机等设备，随时随地访问图书馆的电子资源，享受便捷的信息服务。这种服务模式不仅提高了信息获取的效率，也更好地适应了现代人的生活节奏和需求。数字化转型不仅拓展了图书馆的服务范围，也提升了其社会价值。通过与各种机构、组织合作，图书馆可以提供更为精准、个性化的信息服务，帮助读者更好地解决工作、学习中的问题。此外，它还可以通过电子资源的共享，促进不同地区、不同群体之间的知识交流和文化传播，推动社会的进步和发展。当然，数字化转型也给图书馆带来了新的挑战，如：如何保证电子资源的版权和安全性，如何维护设备的稳定性和可靠性，如何提高信息服务的针对性和质量等。但图书馆只要勇于面对并积极着手解决问题，数字化转型必将为图书馆带来更为广阔的发展空间和更为光明的未来。

## （三）提高资源利用效率

数字化资源凭借其可复制、可共享、易检索等特性，正逐渐成为现代社会中不可或缺的一部分。随着科技的不断进步，不难发现，数字化资源在提高资源利用效率、减少资源浪费等方面具有显著优势。第一，数字化资源的可复制性为工作和生活带来了极大的便利。在传统的纸质书籍和文件时代，复制是一件既费时又费力的事情。而如今，只需轻轻一点，便可以轻松地复制并分享这些资源。这不仅为工作人员节省了大量的时间和精力，还大大提高了工作效率。第二，数字化资源的可共享性更是打破了时间和空间的限制。在互联网的帮助下，图书馆工作人员可以随时随地与世界各地的人们共享和交流信息。这种共享不仅限于个人之间的交流，更可以应用于图书馆之间的合作。通过共享资源，图书馆工作人员可以更好地协作和沟通，从而更高效地完成任务。第三，数字化资源的易检索性使得图书馆工作人员能够在海量的信息中迅速找到所需内容。在传统的纸质书籍中，寻找一个特定的信息可能需要花费大量的时间和精力。而数字化资源则为图书馆工作人员提供了一个高效的检索工具，使得工作人员能够迅速找到所需内容。这无疑提高了工作效率，也使得工作人员在处理大量信息时更加得心应手。然而，数字化资源虽然具有诸多优点，但也有其局限性。例如，过度的数字化可能会造成信息泛滥，使得图书馆工作人员在筛选信息时感到困惑。此外，数字化资源的存储和管理也是一个问题。如何确保数字化资源的安全和稳定，防止信息丢失或被非法获取，是图书馆工作人员需要关注的问题。数字化资源在提高资源利用效率、减少资源浪费等方面具有显著优势。然而，图书馆工作人员也需要关注其可能带来的问题，并采取相应的措施来确保其安全和稳定。只有这样，才能充分利用数字化资源的优势，为工作和生活带来更多的便利和助益。

## （四）适应时代发展

数字化转型是数字化时代背景下图书馆发展的必然选择。随着科技的进步和信息技术的广泛应用，图书馆面临着前所未有的挑战和机遇。为了更好地满足用户的需求，图书馆只有跟上时代的步伐，进行数字化转型，才能充分发挥其社会职能。信息资源的数量呈爆炸式增长，种类繁多，更新迅速。图书馆作为信息资源的收藏者和提供者，必须适应这一趋势，为用户提供更加便捷、高效的信息服务。通过数字化转型，图书馆可以将传统的纸质书籍、期刊等资源转化为数字格式，以方便用户在互联网上检索、借阅和下载。同时，图书馆还可以利用大数据、人工智能等技术手段，对用户的需求进行分析和预测，提供个性化的推荐服务，提高用户的满意度。

总之，数字化转型不仅可以提高图书馆的信息服务水平，还可以促进其社会职能的发挥。在数字化时代，人们对于信息的需求越来越多元化和复杂化，图书馆作为社会公共文化服务体系的重要组成部分，有责任满足这些需求。通过数字化转型，图书馆可以扩大服务范围，为更多的用户提供信息服务，促进社会文化的发展和普及。同时，数字化转型还可以提高图书馆的资源利用效率，减少资源浪费，为环境保护作出贡献。为了实现数字化转型，图书馆需要采取一系列措施。第一，要加强数字化技术的引进和应用，提高图书馆的信息化水平。这包括建立数字化管理系统、完善数字化设施、提升数字化服务水平等。第二，要加强对用户需求的研究和分析，提供更加个性化和精准的服务。这需要图书馆加强与用户的沟通和交流，收集和分析用户的数据，了解用户的需求和偏好。第三，要加强图书馆工作人员的培养和管理，提高他们的数字化素养和专业水平。这需要图书馆定期开展培训和学习活动，提高工作人员的业务能力和服务水平。

## 第二节　研究目的与重要性

### 一、研究目的

#### （一）技术驱动的转型探索

在当今数字化浪潮的背景下，图书馆的传统模式正面临着前所未有的挑

战。为了应对这一变革，图书馆工作人员需要进行深入的研究，探索如何使图书馆从传统的纸质资料存储和借阅模式转变为数字化、网络化的知识服务模式。这涉及对大数据、人工智能、云计算等先进技术的深入研究和实践探索。第一，大数据技术的应用可以帮助图书馆更好地了解读者的阅读习惯和需求。通过对借阅数据、搜索记录等进行分析，图书馆可以提供更加精准的推荐服务和资源采购。这不仅可以提高读者的满意度，还可以提高馆藏资源的使用效率。第二，人工智能技术可以为图书馆提供智能化的服务。例如，利用自然语言处理技术，图书馆可以自动化地对图书进行分类、编目和检索，提高工作效率。同时，通过智能化的推荐系统，图书馆可以为读者推荐相关的图书和资料，扩展他们的阅读范围和深度。第三，云计算技术的应用可以使图书馆的资源和服务得到更广泛的覆盖和共享。通过搭建云服务平台，图书馆可以将自身的资源和服务与各地的读者进行链接，实现资源的共享和交互。这不仅可以提高图书馆的利用率，还可以为读者提供更加便捷和高效的服务。

（二）创新策略的构建与分析

每个图书馆都有其独特的用户群体和服务模式，这些特点在数字化转型中需要得到重视和保留。为了确保图书馆在数字化转型中保持其特色并提高服务质量，就需要制定有针对性的创新策略。这些策略可能包括创新服务模式，如开展线上阅读活动、提供远程借阅服务或者打造数字图书馆等；整合和优化数字资源，如对电子书籍、期刊和数据库进行整合，以方便读者检索和使用；改进读者体验，如提供更加便捷的借阅流程、更加智能化的检索方式、更加舒适的阅读环境等。通过这些创新策略，图书馆可以在数字化转型中保持其独特性和吸引力，同时提高服务质量和读者满意度。

（三）实践经验的总结与推广

全球范围内，许多图书馆已经开始了数字化转型的探索之旅，其中一些成功的案例和有价值的经验可以作为其他图书馆的借鉴。通过深入收集、整理和分析这些实践案例，图书馆工作人员能够总结出一套实用且有效的转型指南，这将有助于推动整个行业的发展和进步。转型过程中的每个环节都值得关注，包括战略规划、资源整合、服务升级、技术应用等。同时，对于转型成功案例的深入剖析，可以让其他图书馆了解并学习到这些成功背后的原因、方法和经验，最终让每一个图书馆都能够在数字化转型的道路上找到适合自己的方向，推动整个行业的持续发展和进步。

## 二、研究的重要性

### （一）时代的要求

数字化时代，人们的阅读习惯和信息获取方式正在发生着深刻的变革。随着互联网和移动设备的广泛普及，越来越多的人倾向于使用电子设备进行阅读和获取信息。这使得图书馆作为知识和文化传统中心的地位受到了极大的挑战。为了确保图书馆在新时代中继续保持其重要性和影响力，必须适应这一变革，探索新的发展模式和服务方式。第一，图书馆应该加强数字化建设，提供电子书籍和数字化资源，以满足读者便捷、快速获取信息的需求。同时，图书馆还可以开展数字化推广活动，如数字展览、在线讲座等，以吸引更多的读者关注和使用图书馆资源。第二，图书馆应该注重提供个性化的阅读服务和体验。通过了解读者的阅读偏好和需求，图书馆可以提供更加精准的阅读推荐和服务，提高读者的阅读满意度和忠诚度。此外，图书馆还可以通过开展读者交流活动、读书会等形式，促进读者之间的交流和互动，增强图书馆的社交功能。第三，图书馆应该加强与社区和其他文化机构的合作，共同开展文化活动和项目。通过与社区和其他文化机构的合作，图书馆可以扩大其影响力和覆盖范围，更好地满足社区居民对于知识和文化的需求。同时，这也有助于提高图书馆的知名度和声誉，吸引更多人关注和使用图书馆资源。

### （二）效率与服务质量的双重提升

数字化技术的运用不仅可以提高图书馆的运营效率，还能为其服务质量

带来多维度的提升。通过大数据分析，图书馆可以更加精准地了解读者的阅读喜好和需求，从而为他们提供更快、更好的服务。此外，数字化技术还可以让图书馆的资源更加丰富多样，满足读者的多元化需求。通过数字化技术，图书馆可以实现资源的共享和传播，扩大其影响力和服务范围。因此，数字化技术是图书馆发展的必然趋势，也是提高其服务质量和效率的重要手段。

（三）为读者提供更加个性化的服务

在图书馆这一专业领域内，人工智能技术的运用展现出巨大的潜力和价值。它能够根据每位读者的特定需求和兴趣，提供定制化的服务。这种服务方式不仅是一种创新，更是一种对读者需求的深刻理解和满足。通过人工智能系统，图书馆可以精准地把握每位读者的阅读历史、偏好和研究方向，继而推荐相应的书籍、文章和研究资料。这种服务模式充分体现了以读者为中心的服务理念，不仅提高了读者的阅读体验，而且极大地丰富了图书馆的服务内容和形式，使得图书馆的服务更加精准、高效和人性化。

（四）推动行业的创新发展

图书馆的数字化转型不仅是一次技术上的升级，更是一次全面的、深度的创新机遇。随着信息技术的不断发展，图书馆逐渐从传统的纸质书籍向数字化转型，这不仅是一种技术的革新，更是一种服务模式的创新和管理的升级。在服务方面，图书馆的数字化转型提供了更加便捷、高效的服务模式。通过引入各种数字化技术，图书馆能够为读者提供更加多样化的阅读方式，满足不同读者的需求。同时，数字化转型也能够提高图书馆的运营效率，减少人力成本，为图书馆的可持续发展提供保障。在管理方面，图书馆的数字化转型带来了管理理念的更新。传统的管理方式已经无法满足数字化时代的需求，图书馆需要引入现代化的管理理念和技术，建立完善的管理体系，提高管理效率和服务质量。最后，图书馆的数字化转型还能够重塑读者体验。数字化技术为图书馆提供了更多的服务方式和手段，也为读者提供了更加个性化的阅读体验。通过引入人工智能、大数据等技术，图书馆能够为读者提供更加精准的推荐服务，让读者更加便捷地获取所需的信息和资源。通过系统而深入的研究，可以为整个行业的创新发展提供坚实的支撑和推动。可以说，图书馆的数字化转型可以带动整个图书馆行业的发展，提升图书馆的社会价值和服务水平，为读者提供更加优质的阅读体验。

# 第二章　图书馆数字化转型的理论框架

## 第一节　数字化转型的概念、特定含义、关键因素与意义

### 一、数字化转型的概念

#### （一）数字化转型的定义

数字化转型，对于组织或机构而言，是一场深刻而必要的变革。它借助数字化技术，对其业务流程、服务模式、管理方式等进行全面、系统的变革和创新，以实现效率提升、服务优化、发展创新的过程。对于图书馆而言，数字化转型意味着从传统的实体书籍借阅、查阅模式向数字化、网络化的信息服务模式转变。传统的图书馆运作模式，不论是实体书籍的借阅、查阅或者信息检索都存在着一定的局限。而随着数字化转型的推进，图书馆开始逐步实现信息资源的数字化、网络化，从而使得信息的获取和传播变得更加便捷。读者可以通过网络平台，随时随地查阅图书馆的资源，不再受时间和地域的限制。此外，数字化转型还使得图书馆能够提供更为丰富多样的信息服务，如在线讲座、数字期刊、电子书籍等，以满足读者多样化的信息需求。因而，数字化转型不仅带来了服务模式的创新，同时也对图书馆的管理方式产生了深刻的影响。数字化技术使得图书馆的管理更加高效和智能化，图书馆工作人员可以借此进行图书的借阅、归还、检索等操作，从而大大地提高工作效率。此外，数字化技术还为图书馆的资源提供了更为科学的运营、管理方法，如通过数据分析和挖掘，可以更好地了解读者的阅读习惯和需求，为图书馆的资源采购和布局提供更为精准的决策依据。当然，数字化转型的

过程并非一蹴而就，它需要投入大量的人力、物力和财力，如引进先进的数字化设备和系统，对现有的硬件设施进行升级改造；对馆员进行数字化技能的培训，提高他们的专业素养和技能水平，等等。此外，图书馆还需要与信息技术人员合作，开发适合自身需求的数字化平台和应用程序，以提供更加个性化和优质的服务。

当然，在数字化转型的过程中，图书馆还需要关注下面的一些问题。第一，要确保数字化资源的版权安全，避免侵权行为的发生。第二，要保护读者的隐私权和信息安全，避免因信息泄露而给读者带来不必要的损失。第三，要注重数字化服务的可用性和用户体验，以满足读者对高质量服务的需求。总之，数字化转型过程中虽然会面临一些挑战和问题，但只要积极应对并采取有效的措施，就一定能够推动图书馆的数字化转型进程，迎接未来的发展挑战。

### （二）数字化转型后的图书馆与传统图书馆的区别

馆藏结构：传统图书馆以纸质资料为主，而数字化图书馆则注重数字资源的建设，如电子书籍、在线数据库和多媒体资源等，其馆藏将更加丰富多样，从而最大限度地满足现代读者的需求。

服务模式：传统图书馆主要提供实体书籍的借阅和查阅服务，受时空限制。而数字化转型后的图书馆则提供在线服务，打破了时空限制，读者可随时随地访问数字资源，且服务内容和形式可以不断得到拓展。

技术应用：传统图书馆技术应用有限，而数字化转型后的图书馆则广泛运用大数据、人工智能、云计算等先进技术，实现资源的智能检索、个性化推荐等增值服务，提高服务效率和用户满意度。

空间功能：传统图书馆以书籍存储和借阅为主，空间功能相对单一。而数字化转型后的图书馆则注重多功能利用，增加阅读、学习和研讨区域，更新和升级设备，营造舒适环境，提供多元化服务，满足读者多样化需求。

## 二、数字化转型的特定含义

### （一）从纸质到数字的资源转变

数字化转型是近年来图书馆界的一个重要议题。随着数字技术的不断发展，图书馆的馆藏资源类型也发生了深刻的变化。传统的图书馆以纸质资料为主要馆藏，但随着数字资源的日益增多，图书馆的数字化转型已成为一种趋势。这也意味着图书馆需要将传统的纸质资源进行数字化处理，同时加大对数字资源的采集、存储和整理。这种转变不仅丰富了图书馆的资源类型，也提高了资源的可访问性和可共享性。读者可以更加方便、快捷地获取所需的资料，而不受时空的限制。当然，数字化转型图书馆还需要解决许多技术和管理问题。比如，数字化资源的采集和存储需要大量的存储空间和技术支持。图书馆需要选择合适的数字化设备和技术，以确保数字化资源的完整性和稳定性。同时，图书馆还需要建立完善的数字化资源管理系统，以便对数字化资源进行分类、检索和管理。另外，还需要通过数字化技术，将纸质资源转化为电子资源，并将其存储在数字化存储设备中，以便于读者通过网络或图书馆的数字化平台随时随地获取所需的资料（数字化资源便于共享和传播，使得多个读者可以同时访问和利用同一份数字化资源）。图书馆需要加强对数字化资源的推广和服务，为读者提供更加便捷和高效的服务。例如，图书馆可以通过网络平台提供在线咨询、文献传递、预约借书等服务，以满足读者的个性化需求。总之，图书馆的数字化转型是图书馆发展的必然趋势。通过加大对数字资源的采集、存储和整理工作，图书馆可以更好地满足读者的需求，提高资源的利用效率和文化服务水平。

### （二）服务模式的创新与变革

资源的数字化已成为时代大趋势，这一变化不仅改变了获取信息的方式，也深深地影响了图书馆的服务模式。传统的图书馆服务模式，主要围绕馆内借阅和查阅展开，而数字化浪潮下，图书馆的服务模式也发生了根本性的变化。首先，图书馆不再局限于实体书籍的借阅。通过数字化转型，图书馆提供了更多的数字资源，读者可以通过在线平台随时随地检索和获取这些资源。这不仅打破了时间和空间的限制，也使得图书馆的服务更加便捷和高效。如读者可以在家中、办公室或其他任何地方，只要有网络连接，就可以访问图书馆的数字资源，享受预约、续借、推荐等一站式服务。此外，图书馆还可以利用大数据和人工智能技术，为读者提供更加个性化的服务。通过分析读者的阅读习惯、兴趣和需求，图书馆可以向读者推荐适合他们的资源，提供更加精准的学术导航。这种个性化的服务模式，不仅提高了图书馆服务的精准性，也使得图书馆的资源得到了更加有效的利用。同时，数字化转型后的图书馆还提供了更多的学习方式和工具。如通过虚拟现实技术，读者在家中就可以体验到图书馆的实景，寻找自己需要的资源；通过在线学习平台，读者可以参加各种在线课程和讲座，丰富自己的知识储备。这些新的服务模式，不仅为读者提供了更多的学习机会，也使得图书馆成了一个更加活跃、互动的学习社区。未来，随着数字化的转型的进一步发展，图书馆将会探索出更多新的服务模式和技术应用，从而为读者提供更加优质、个性化的服务。

（三）技术与管理方式的整合与优化

数字化转型对于图书馆而言，不仅仅是一个简单的技术和资源的转变，更是一场深入到管理方式和业务流程的全面变革。为了成功推动这一转型，图书馆需要从多个方面入手，优化各种资源和技术，提升图书馆的各项能力，从而更好地满足用户的需求。第一，图书馆需要关注技术的整合和优化。在数字化转型的过程中，图书馆需要不断地引进新的技术，如云计算、大数据处理等，这些技术可以帮助图书馆更好地管理数字资源，提供更高效的服务。同时，图书馆还需要对现有的技术进行优化和升级，使其能够更好地适应数字化转型的需求。第二，图书馆需要关注管理方式的变革。数字化转型不仅仅是技术和资源的转变，更是管理方式的转变。图书馆需要改变传统的以"藏"为主的管理方式，转变为以"用"为主的管理方式，更好地满足用户的需求。同时，图书馆还需要建立一套适应数字化转型的管理制度，确保数字化转型

的顺利进行。第三，图书馆需要关注业务流程的优化。在数字化转型过程中，图书馆需要将原有的业务流程进行优化和升级，使其更加高效、便捷。例如，图书馆可以通过引入自动化系统来提高借阅和归还书籍的效率，也可以通过引入数字化管理系统来提高图书管理的效率。工作人员培训也是数字化转型中至关重要的一环。图书馆需要提高工作人员的数字素养和技能，使其能够更好地应对数字化挑战。图书馆可以通过开展各种培训活动来提高工作人员的技能水平，例如定期组织技术培训、专题讲座等。第四，整合优化技术、管理和人力资源是推动数字化进程的关键。图书馆需要从多个方面入手，整合各种资源和技术，优化管理方式和工作流程，提高工作人员的技能水平，从而推动数字化进程顺利进行。只有这样，图书馆才能更好地满足用户的需求，适应数字化时代的发展潮流。

### 三、数字化转型的关键因素

技术驱动：大数据分析帮助图书馆精准理解读者需求，优化资源配置，实现个性化服务；人工智能技术则通过智能分类、推荐等提高资源利用便利性，打造智能问答和学术导航服务，提升读者体验。

以用户为中心：图书馆需围绕用户需求进行转型，提供个性化和精准服务，确保资源易获取，并设计友好界面以提升用户体验。通过数据分析和用户反馈不断优化服务，满足多元化需求。

组织文化变革：图书馆需引进新技术和设备，提供个性化服务，并优化服务系统和工作流程。同时，树立以读者为中心的服务理念，加强跨部门协作和沟通，培养工作人员的数字思维，鼓励创新和持续学习，以适应数字化转型的需求并推动图书馆持续发展。

### 四、数字化转型的意义与价值

（一）提高服务效率与质量

在当今信息化社会的快速发展背景下，图书馆作为重要的知识库和信息交流平台，其服务效率和质量对于满足人们日益增长的信息需求显得尤为重要。而数字化转型正是提升图书馆服务效率和质量的重要途径。通过引入先进的数字化技术和自动化系统，图书馆能够更快速、准确地处理读者需求，减少人工操作和等待时间。第一，数字化转型为图书馆带来了处理读者请求的自动化系统。这不仅大幅缩短了读者等待时间，还减少了因人工操作失误而引发的错误。例如，读者可以通过在线平台自主查询、预约和借阅图书，实现即时满足，无需等待传统的人工处理。这种即时的、自动化服务模式无疑为读者提供了极大的便利，同时也提升了图书馆的服务效率。第二，数字化转型通过数据挖掘和分析技术，为图书馆提供了个性化服务的可能性。根据读者的历史行为和偏好，图书馆可以为其推荐相关领域的资源，提高服务的精准性和满意度。这种个性化服务模式不仅能够更好地满足读者的需求，还能进一步增强图书馆与读者之间的互动和联系。此外，数字化转型还可以通过电子书、电子期刊等数字化资源，丰富图书馆的馆藏资源。这些数字化资源不仅可以通过网络随时随地获取，而且可以随时更新和补充，极大地提高了图书馆的信息储备能力和服务范围。数字化转型通过引入先进的数字化技术和自动化系统，为图书馆提供了提高服务效率和质量的新途径，它不仅优化了图书馆处理读者需求的能力，还提升了图书馆的个性化服务水平，同时也丰富了图书馆的馆藏资源。这种转型不仅提高了图书馆的服务效率和质量，也更好地满足了人们日益增长的信息需求。同时，也需要认识到数字化转型并非一蹴而就，而是需要持续投入和不断优化的过程。在这个过程中，图书馆需要积极注意读者反馈，不断改进服务方式，提升服务质量。只有这样，才能真正实现以读者为中心的图书馆服务理念，让图书馆成为人们获取知识和信息的重要平台。在未来，期待更多的图书馆通过数字化转型来提高服务效率和质量，从而为人们提供更加便捷、精准和丰富的知识服务。

（二）优化资源配置，降低运营成本

数字化转型可以优化图书馆的资源配置，降低运营成本。传统图书馆需要投入大量的空间和人力资源用于存放和管理纸质图书，这就使得运营成本

高昂，且空间利用率较低。相比之下，数字化图书馆可以将海量纸质图书进行数字化处理，并将这些数字资源存储在高效、节能的服务器上，从而节省大量空间成本。通过智能化的管理系统，图书馆能够实现资源的智能调度和分配，避免资源的浪费和重复购置。例如，系统可以根据读者需求和借阅情况，自动调整图书的存储位置和分配方式，提高图书的利用率和周转率。此外，数字化转型还可以降低图书的损坏和丢失率，减少相应的损耗和运营成本。通过数字化转型，图书馆可以更好地满足读者的阅读需求，提高服务质量，同时降低运营成本，实现可持续发展。这不仅有助于图书馆提高效率和管理水平，还可以拓展其服务范围。数字化转型使得图书馆不再局限于提供纸质图书的借阅服务，而是可以通过互联网、移动设备等渠道，向读者提供更加便捷、多样化的阅读服务。例如，图书馆可以通过在线资源平台、电子书阅读器等途径，为读者提供数字图书、音频书、电子期刊等多种形式的数字资源。

（三）增强图书馆的竞争力与时代适应性

数字化转型对于增强图书馆的竞争力和时代适应性具有重要意义。随着信息技术的迅猛发展和互联网的普及，人们获取信息和知识的方式发生了巨大变革，图书馆作为传统的知识服务中心，面临着来自互联网和其他信息机构的激烈竞争。为了保持竞争力并适应时代的发展，图书馆必须进行数字化转型。图书馆数字化转型，指的是图书馆在应对信息技术发展和用户需求变化的过程中，将传统业务模式向数字化、网络化、智能化的方向转变的过程。它涉及图书馆资源、服务、技术、管理等多个方面的全面升级和创新，旨在提高服务效率和质量，优化资源配置，增强图书馆的竞争力与时代适应性。

第一，数字化转型使图书馆能够与时俱进，融入互联网时代的信息生态系统。通过将馆藏资源转化为数字格式，图书馆可以借助互联网和信息技术提高信息获取的效率，为用户提供更高效、便捷和个性化的服务。例如，用户可以通过图书馆的网站或移动应用程序轻松地检索和获取所需的文献资料。这种服务模式不仅可以提高图书馆的利用效率，还可以吸引更多的读者和用户。

第二，数字化转型有助于图书馆与其他机构、合作伙伴进行协同合作。

通过与高校、科研机构、其他图书馆等合作，图书馆可以共享资源、技术和人才，共同开展数字化项目，推动知识服务的创新和发展。这种合作模式不仅可以提高图书馆的竞争力，还可以促进知识传播和学术交流。此外，数字化转型还有助于提高图书馆的可持续性。通过将馆藏资源转化为数字格式，图书馆可以减少对纸质文献的依赖，降低能源消耗和环境污染。同时，数字化转型还可以为图书馆提供更多的存储空间和备份措施，确保文献资料的安全和完整性。数字化转型是增强图书馆竞争力和时代适应性的关键，通过融入互联网时代的信息生态系统，提供更高效、便捷和个性化的服务，与其他机构、合作伙伴进行协同和合作，以及提高可持续性，图书馆可以更好地适应时代的发展并发挥其在知识传播和学术交流中的重要作用。

总之，图书馆数字化转型具有重大的必要性和紧迫性。随着信息技术的快速发展和互联网的普及，传统图书馆面临着巨大的挑战。纸质资源的保管、维护成本高昂，且难以满足用户日益增长的多元化、个性化需求。同时，图书馆作为知识传播和文化传承的重要载体，必须与时俱进，与现代社会发展的步伐保持同步。通过数字化转型，图书馆能够充分利用先进技术和数字化工具，提高服务效率，减少资源浪费，为用户提供更加高效、便捷的知识服务。数字化转型还可以帮助图书馆拓展服务范围，打破时间和空间的限制，使更多的人能够共享图书馆的资源和服务。因此，图书馆数字化转型不仅是适应时代发展的需要，更是提升图书馆核心竞争力、实现可持续发展的必然选择。

## 第二节　数字化图书馆的发展历程

### 一、数字化图书馆的起步阶段

（一）20世纪末至21世纪初数字化图书馆的初步尝试

在20世纪末至21世纪初的这段时间里，全球的信息化进程呈现出飞速发展的态势。信息技术日新月异，互联网的普及率也不断提高，这无疑改变

了人们的生活方式，也对各行各业产生了深远的影响。在这样的背景下，图书馆界也开始了一场对数字化图书馆的初步探索和尝试。第一，图书馆开始致力于将传统的纸质资源进行数字化转换。这是一项庞大而复杂的工程，需要图书馆工作人员耐心细致地工作。图书馆藏有大量的书籍、期刊、报纸等纸质资源，这些资源既是图书馆的核心，也是读者获取知识和信息的重要途径。为了将这些资源进行数字化转换，图书馆采用了扫描、光学字符识别（OCR）等技术手段，将纸质文献转化为数字格式，使得这些资源可以在计算机和网络中存储、传输和查阅。这个过程虽然耗时费力，但却为后续的数字化图书馆服务打下了坚实的基础。第二，图书馆建立起数字化资源的存储和管理系统。由于数字化资源的存储和管理与纸质资源有很大不同，图书馆需要采购和建设专门的硬件设备，如服务器、存储设备等，用以存储大量的数字化资源。同时，图书馆还需要开发或采购专业的数字资源管理系统，来实现数字化资源的组织、标引、检索等功能。这些系统的建设，为数字化图书馆的运营和服务提供了重要的技术支撑。第三，图书馆开始提供基于互联网的在线服务。互联网的出现打破了时间和空间的限制，使得人们可以随时随地获取信息和服务。图书馆利用互联网技术，提供了在线目录查询、电子期刊浏览、远程借阅等服务。这些服务可以使读者足不出户就能享受到图书馆的资源和服务，无论是在家里、办公室，还是在其他任何地方，都可以随时随地访问图书馆的网站，查阅和下载所需的资料。这种在线服务的出现，不仅提供了更加便捷地获取信息的方式，也使得图书馆的资源得到了更广泛的应用和传播。在数字化图书馆的建设过程中，图书馆工作人员还需要不断学习和掌握新的技术和知识，以便更好地服务于读者。他们需要了解和掌握各种数字化资源的制作和管理技术，例如如何将纸质资源转化为数字格式，如何对数字化资源进行组织和标引等。同时，他们还需要熟悉各种互联网技术和应用，例如如何搭建网站、如何维护网络安全等。这些新的技术和知识的学习与应用，无疑也促进了图书馆工作人员的个人成长和发展。数字化图书馆的建设不仅为读者提供了更便捷的服务和更丰富的资源，也为图书馆带来了新的发展机遇和挑战。在新的时代背景下，图书馆需要不断探索和创新，以满足读者的需求和社会的发展。例如，他们可以通过开展数字化服务来扩大图书馆的影响力和服务范围，可以通过与各种机构和组织合作来共享资源和服务，可以通过引进先进的技术和设备来提高服务质量和效率等。

数字化图书馆的建设，不仅为读者提供了更便捷的服务和更丰富的资源，也为图书馆带来了新的发展机遇和挑战，图书馆工作人员需要认识到数字化图书馆的建设是一个长期而复杂的过程，需要图书馆不断探索和创新以适应时代的发展和读者的需求。同时，也需要加强对数字化资源的保护和管理，以保护文化遗产和维护知识产权。

（二）早期数字化资源建设和技术服务的发展

在早期数字化图书馆建设过程中，数字化资源建设和技术服务的发展起到了重要的推动作用。图书馆通过采用扫描、OCR识别等技术手段，将大量的纸质文献转化为数字化格式，建立起了庞大的数字化资源库。这不仅保护了珍贵的纸质文献，也使得这些资源能够被更广泛地访问和利用。同时，图书馆还积极采购了一些商业化的数字资源，如电子图书、电子期刊等，进一步丰富了数字化资源的内容。在技术服务方面，图书馆不断引进各种数字化技术和工具，如数字化加工设备、元数据管理系统、全文检索系统等。这些技术和工具的应用，使得数字化资源的建设和管理更加便捷、高效。例如，数字化加工设备可以快速将纸质文献转化为数字化格式，元数据管理系统可以有效地管理数字资源的元数据信息，全文检索系统则可以帮助用户快速找到所需的文献。除了数字化资源建设和技术服务的发展外，图书馆还开展了数字化资源的整合和共享工作。通过建设联合目录、馆际互借等方式，图书馆之间实现了资源的共享和整合。这不仅避免了资源的重复采购和浪费，也使得数字化资源能够在更广泛的地域范围内被访问和利用。例如，某个地区的图书馆可以通过联合目录查询其他地区图书馆的资源情况，并通过馆际互借的方式获取这些资源，从而使得这些资源能够为本地区的读者服务。此外，随着互联网技术的发展，图书馆还开展了网络化服务。通过建立网站、提供在线资源等方式，使得读者能够随时随地访问和利用数字化资源。这不仅方

便了读者的使用,也提高了数字化资源的利用效率。同时,通过开展数字化阅读推广等活动,引导读者使用数字化资源,进一步促进了数字化图书馆的发展。

(三)起步阶段的挑战与局限

图书馆数字化初级阶段,虽然取得了一些初步的成果,但仍面临着许多挑战和局限。其中,技术不成熟无疑是一个核心问题。在那个时期,数字化技术和工具尚未发展成熟,存在着诸如扫描质量欠佳、OCR识别率低等问题,极大地影响了数字化资源的质量和可用性。第一,扫描质量不高,导致数字化资源的清晰度和完整性大打折扣。在很多情况下,一些珍贵的文献资料因为无法被完整、清晰地扫描而失去了原有的价值和意义。这就像是在复制一幅名画,如果复制的质量不高,那么这幅画的艺术价值就会大打折扣。第二,OCR识别率低也是一个不可忽视的问题。OCR技术是将扫描的文本转化为可编辑的文本的重要工具,但是当时的技术水平还无法做到高精度的识别。这导致了数字化资源在转化为电子文档后,很多文字仍然无法被准确识别,给后续的查阅和研究带来了很大的不便。除了技术问题,资金和人才短缺也是当时数字化图书馆建设面临的重要问题。数字化图书馆的建设需要大量的资金投入,包括购置先进的扫描设备、开发专业的数字化管理系统、培训专业的工作人员等。然而,当时很多图书馆的资金状况并不宽裕,很难满足数字化建设的需要。同时,具备数字化技术和管理能力的人才也相对匮乏,图书馆在人才引进和培养方面面临着较大的压力。然而,即使面对这些挑战和问题,图书馆相关工作人员也没有放弃对数字化图书馆的追求和努力。为了解决这些问题,他们积极寻求解决方案。例如,通过引进更先进的数字化技术和设备,提高扫描和OCR识别的精度;通过开展专业培训和人才引进,提高图书馆员的技术水平和服务意识;通过加强与相关机构和出版社的合作,获取更多的资金和技术支持。当然,数字化图书馆的建设是一个长期的过程,需要持续不断地加大投入及不断改进。在这个过程中,需要保持耐心和信心,相信随着技术的不断进步和不断更新,数字化图书馆的建设一定会取得更大的成效。虽然数字化图书馆的建设初期面临了很多挑战和问题，但不能因此而气馁。相反，应该看到这是一个不断进步、不断发展的过程。只有通过不断努力和创新，才能让数字化图书馆真正发挥出应有的作用，为学术研究和文化传承做出更大的贡献。

## 二、数字化图书馆的快速发展阶段

### （一）互联网技术的飞速发展对数字化图书馆的影响

随着互联网技术的飞速发展，图书馆数字化建设得到了迅速壮大的机会。高速、稳定的网络环境使得数字化资源的传输和访问变得更加高效，大幅提升了用户的使用体验。数字化图书馆的海量文献资源突破了物理限制，实现了全球范围内的共享，为学术交流和知识传播提供了便利。数字化图书馆依靠先进的信息技术，如大数据、云计算等，对海量文献资源进行智能化的整理、分类和检索，这使用户能够快速找到所需文献，同时还能获得更加全面、精准的检索结果。数字化图书馆还运用多媒体技术，将传统文献转化为数字资源，使得信息的呈现方式更加丰富多样：不仅提供了文字和图片的展示方式，还通过音频、视频等多媒体形式，让用户更加深入地理解和体验文献内容。除了提供丰富的文献资源和多样的信息呈现方式，互联网技术还支持实时在线咨询和个性化推荐服务，用户可以随时与图书馆工作人员进行在线交流，咨询问题或寻求帮助。同时，通过分析用户的浏览历史、检索记录等数据，能够为用户提供个性化的阅读推荐服务，使用户获得更加贴心、专业的服务体验。在数字化图书馆建设和管理方面，互联网技术也发挥了重要的作用。通过建立完善的数字化管理系统和安全防护机制，可以保障数字化资源的完整性和安全性。同时，利用大数据技术对用户行为进行分析，了解用户需求和偏好，为优化图书馆服务提供了有力依据。这使得数字化图书馆能够更好地满足用户的需求，提高用户满意度。此外，物联网技术还支持远程管理和维护，使得数字化图书馆的运营更加高效、便捷。图书馆工作人员可以通过远程登录和管理系统，对数字化资源进行实时的监控和管理。同时还可

以利用大数据技术对资源的使用情况进行统计和分析，更好地了解用户的需求和行为，进一步优化服务。

在教育、文化等领域的应用方面，数字化图书馆也具有广泛的前景。例如，通过与学校、科研机构合作，建立数字化教育资源库，可以为学生和教师提供更加便捷、高效的学习资源；通过将各类教材、参考书籍和研究资料数字化并整合到一起，学生和教师可以随时随地访问这些资源，从而更好地开展学习、教学和研究工作。此外，数字化图书馆还可以与博物馆、艺术馆等文化机构合作，建立数字化文化资源库，为公众提供更加丰富多彩的文化体验，通过将文物、艺术品等文化资源数字化，使公众可以更加深入地了解和感受这些文化遗产的价值和魅力。互联网技术的发展为数字化图书馆的建设和管理提供了强大的技术支持，使得数字化资源的传输和访问更加高效便捷。同时数字化图书馆的应用也拓展到了教育文化等领域，为人们的生活和工作带来了更多的便利和价值。随着技术的不断进步和发展，数字化图书馆将会在更多领域得到应用和发展。

（二）数字化资源的大规模建设和整合

在互联网技术的推动下，数字化资源建设与整合的浪潮汹涌而来，图书馆作为信息资源的集散地，自然不能置身事外。它们不仅将原有的纸质资源进行数字化转换，还积极采购和整合各种电子资源，如电子图书、电子期刊、数据库等，以丰富自身的资源库。图书馆的数字化资源建设，不仅意味着资源的存储和利用方式的改变，更代表着信息获取和传播方式的革新。这些数字化资源以数字化的形式存储，使得检索、传播和共享变得更为便捷。无论是关键词检索还是跨库检索，用户都可以轻松地获取所需信息。此外，数字化资源还极大地提高了信息传播的速度和广度，使得知识和信息的普及更加便捷。在数字化资源建设的同时，图书馆之间也开展了资源共享和合作。通过联合采购、馆际互借等方式，实现了资源的优化配置和共享利用。这种合作模式不仅降低了图书馆的运营成本，还为用户提供了更加全面、便捷的资源服务。用户可以在图书馆网站上轻松地查阅到其他图书馆的资源，无需奔波于不同的图书馆之间。数字化资源的建设和共享，不仅丰富了图书馆的资源库，还提高了资源的利用效率。这种建设模式打破了传统图书馆之间的界限，实现了资源的优化配置和共享，这无疑为用户提供了更加全面、便捷的信息服务，也进一步推动了图书馆事业的发展。然而，数字化资源的建设与整合并非一帆风顺。在建设过程中，图书馆需要面对诸如版权问题、信息安全、数据保护等挑战。为此，图书馆需要对以下问题予以关注并妥善解决。第一，版权问题是一个需要关注的重要问题。在数字化资源建设过程中，图书馆需要遵守版权法等相关法律法规，尊重版权所有者的权益。例如，在将纸质书籍转化为电子书籍时，需要获得版权所有者的授权或遵循相关的授权协议。此外，在采购和整合电子资源时，也需要仔细审查版权归属和使用权限等问题，以避免版权纠纷。第二，信息安全和数据保护也是数字化资源建设过程中需要关注的问题。数字化资源的存储和管理需要依靠先进的信息技术手段，但这也增加了信息安全和数据保护的难度。图书馆需要采取一系列措施来保障信息和数据安全，如建立完善的安全管理制度、加强网络安全防护、定期备份数据等。第三，图书馆还需要关注数字化资源的利用效率和服务质量。数字化资源的建设和整合不仅是为了提高资源的利用效率，更是为了提供更好的信息服务。因此，图书馆需要不断优化数字化资源的检索和获取方式，提高服务质量。例如，可以开发智能化的检索系统、提供个性化的推荐服务、加强用户培训和咨询服务等。

总之，数字化资源的建设和整合是图书馆事业发展的必然趋势。因此，如上所述，在推进数字化资源建设的同时，图书馆需要加强对版权问题、信息安全、数据保护等问题的关注和处理，不断提高数字化资源的利用效率和服务质量。只有这样，才能更好地满足用户的需求，推动图书馆事业的发展。

### 三、数字化图书馆的转型与创新阶段

（一）大数据、人工智能等新技术在数字化图书馆中的应用

随着大数据和人工智能等新技术的飞速发展，数字化图书馆已经进入了

一个崭新的转型与创新阶段。这一阶段的变革不仅仅局限于技术层面，更深入到图书馆的管理、服务、资源等多个方面。

在数字化图书馆中，大数据技术被广泛应用在用户行为分析、资源利用优化等方面。

### 1. 用户行为分析

为了更好地满足用户的需求，图书馆需要不断地进行创新和改进。而通过分析海量的用户数据，图书馆能够更加深入地了解用户的兴趣、需求和行为模式，进而更加精准地为用户提供资源和服务。第一，通过分析用户的浏览历史和检索记录，图书馆可以了解用户对于不同类型资源的偏好和需求。例如，有些用户可能更喜欢阅读小说，而有些用户则更偏爱阅读历史书籍。通过对用户浏览历史的分析，图书馆可以为用户推荐更加符合他们阅读兴趣的资源。第二，通过分析用户的下载行为，图书馆可以了解用户对不同格式资源的偏好和需求。例如，有些用户可能更喜欢下载电子书，而有些用户则更偏爱下载音频书。通过对用户下载行为的分析，图书馆可以为用户提供更加多样化的资源模式。此外，通过对用户数据的分析，图书馆还可以发现用户的潜在需求和行为模式。例如，有些用户在检索时可能会使用一些非常具体的关键词，这表明他们对于某个领域有深入的研究兴趣。对于这些用户，图书馆可以提供更加专业化和个性化的资源和服务。这不仅可以提高图书馆的服务质量，还可以促进用户的学术研究和知识获取能力。因此，图书馆应该充分挖掘用户数据的价值，不断进行创新和改进，以更好地服务于广大用户。

### 2. 资源利用优化

在数字化时代，大数据已经成为图书馆优化资源采购、存储和推荐策略的重要工具。通过人工智能技术的助力，图书馆可以更深入地分析资源的利用情况，从而更好地满足读者的需求。第一，大数据可以帮助图书馆了解读者的阅读偏好和行为模式。通过分析读者的借阅记录、搜索历史和阅读习惯等数据，图书馆可以了解哪种类型的电子书更受欢迎，哪个时间段是资源利用的高峰期等信息。这些信息对于图书馆的资源采购和存储策略具有重要的指导意义。例如，图书馆可以根据读者的阅读偏好调整电子书的采购策略，增加更受欢迎的图书类型的采购量。同时，根据资源利用高峰时间段的信息，图书馆可以合理安排工作人员的工作时间，提高服务效率。第二，大数据还可以帮助图书馆优化推荐策略。通过分析读者的阅读历史和兴趣爱好等信息，图书馆可以向读者推荐与其兴趣相符的图书或资源。这种个性化推荐的策略可以增加读者的满意度，提高图书馆的资源利用率。此外，人工智能技术在大数据分析中扮演着重要的角色。利用机器学习和自然语言处理等技术，图书馆可以自动化地处理和分析大量的读者数据，从而节省人力成本并提高分析的准确性。同时，人工智能技术还可以根据读者的反馈和行为数据进行自我学习和优化，不断提高推荐策略的精准度和有效性。在人工智能技术的助力下，大数据已经成为图书馆优化资源采购、存储和推荐策略的重要工具。通过深入分析读者的数据，图书馆可以更好地了解读者的需求和行为模式，从而提供更优质的服务。

值得一提的是，人工智能，尤其是机器学习技术、深度学习算法和智能问答服务，为数字化图书馆的创新服务提供了有力的支持，具体如下：

（1）自动化资源管理

随着科技的发展，图书馆正逐渐引入机器学习技术，以实现资源管理的自动化。这种技术的引入，不仅可以大大提高资源管理的效率，还可以为读者提供更加便捷的借阅体验。机器学习技术可以通过训练算法，让计算机自动识别图书资源的类别、主题、作者等信息，从而实现资源的自动化分类、标引和归档。这不仅可以减少人工分类和标引的工作量，还可以避免因人为错误而导致的错误分类和标引。同时，自动化归档也可以提高图书馆的库存管理效率，方便读者快速查找所需资源。除了提高效率之外，机器学习技术还可以为图书馆提供更多的数据分析工具。通过分析读者的借阅数据和行为习惯，机器学习技术可以预测读者的阅读需求和兴趣，从而为读者推荐更加合适的图书资源。这不仅可以提高读者的满意度，还可以增加图书馆的借阅量和阅读率。此外，机器学习技术还可以帮助图书馆进行图书资源的优化配置。通过对借阅数据的分析，机器学习技术可以识别出哪些图书资源更受欢

迎，哪些资源相对冷门，从而合理地调配资源，提高图书馆的资源利用率。未来，随着技术的不断发展和进步，有理由相信机器学习技术将在图书馆管理中发挥越来越重要的作用。

（2）个性化推荐

信息爆炸的时代，如何从海量的资源中寻找到自己感兴趣的、有价值的内容，是用户面临的一大挑战。基于深度学习算法的个性化资源推荐，正是在这样的背景下应运而生的一种解决方案。它通过对用户历史数据和行为模式的全面分析，为用户提供个性化的资源推荐，推送他们可能感兴趣的书籍、期刊和研究资料。深度学习算法在资源推荐方面的应用，得益于其对大量数据的处理能力和对复杂模式的识别能力。通过对用户历史行为数据的分析，图书馆可以了解用户的兴趣偏好、阅读习惯等，从而为他们推荐更符合其需求的资源。同时，深度学习算法还可以根据用户的实时行为，动态地调整推荐结果，确保用户始终能获取到最新、最相关的资源。在具体实践中，深度学习算法首先会收集用户的各种数据，包括但不限于浏览记录、阅读时长、点赞收藏等行为。然后，通过对这些数据的分析，深度学习模型会提取出用户的特征，并根据这些特征为用户推荐相应的资源。接下来，深度学习算法还可以根据不同用户的特征，为用户提供定制化的推荐结果，从而满足用户的个性化需求。然而，尽管深度学习算法在资源推荐方面具有显著的优势，但也存在一些挑战。例如，如何确保用户数据的隐私安全、如何处理新用户的数据不足等。为了解决这些问题，图书馆需要进一步研究和改进深度学习算法，以实现更准确、更高效的资源推荐。在未来，期待深度学习算法在资源推荐领域发挥更大的作用，帮助用户更好地管理和利用海量信息。

（3）智能问答服务

通过自然语言处理技术，数字化图书馆已经实现了为用户提供智能问答服务。这种服务能够快速、准确地回答用户的问题，并为用户提供学术咨询和帮助。这些新技术的应用，使得数字化图书馆的服务效率得到了极大提高，同时服务也变得更加智能化和个性化，大幅提升了用户的使用体验。在数字化图书馆的智能问答服务中，用户可以随时随地提出自己的问题，无论是关于学术领域的专业问题，还是关于文化背景的一般问题，都能够得到智能化的回答。这种服务不仅为用户提供了便利，也节省了他们查找答案的时间和精力。此外，数字化图书馆的智能问答服务还能够根据用户的历史查询记录和阅读习惯，为用户推荐相关的学术资料和书籍。这种个性化的推荐服务不仅使得用户能够更加便捷地获取到自己需要的资料，也帮助他们更好地了解自己的兴趣爱好和研究方向。

以后，数字化图书馆将继续为用户提供更加便捷、高效和人性化的服务。例如，通过引入更加先进的自然语言处理技术，数字化图书馆的智能问答服务将能够更加准确地理解用户的问题，并为用户提供更加详细和全面的答案。此外，数字化图书馆也将不断引入新的技术手段，例如虚拟现实、增强现实等，为用户提供更加生动、形象和交互式的阅读体验。

在未来，数字化图书馆将成为知识传播和文化交流的重要枢纽。它们不仅将提供更加全面和多样化的学术资源和服务，还将积极推动不同学科之间的交叉融合和交流合作。同时，数字化图书馆也将积极与各种文化机构和社会团体合作，共同推动文化多样性和包容性的发展，为社会的繁荣和进步做出更大的贡献。

（二）从资源中心到知识服务中心的转变

在转型与创新阶段，数字化图书馆的角色和定位发生了显著变化——逐渐从传统的资源中心向知识服务中心转变。这一变化意味着图书馆不再仅仅是提供资源的场所，而是成为促进知识创造、传播和应用的重要枢纽。

**1. 从资源到知识的转变**

在过去的角色中，图书馆主要是作为资源的收集者和保管者，为读者提供借阅、阅读、参考等服务。然而，随着信息技术的不断发展和应用，图书馆开始进入转型与创新阶段，其角色和功能也发生了相应的变化。在新的时代背景下，图书馆不再仅仅满足于资源的收集和保管，而是更加注重知识的组织和呈现。这将意味着图书馆不仅要提供原始的数字化资源，如电子书籍、

期刊文章等，还要进一步对这些资源进行深度加工和整合。例如，通过数据挖掘、文本分析等技术，提取其中的知识点、概念和关系，将零散的信息整合成为有机的知识体系，从而为用户提供更加高级的知识服务。这种转型和创新对于图书馆来说具有深远的影响。第一，通过深度加工和整合资源，图书馆能够提高知识服务的水平，满足用户日益增长的需求。第二，图书馆可以借助先进的信息技术，实现资源的共享和优化配置，提高资源的利用效率。此外，转型后的图书馆还可以拓展新的服务领域，如在线教育、科研合作等，从而为读者提供更加全面、多样化的服务。为了实现这种转型和创新，图书馆需要具备相应的能力和条件。第一，图书馆需要拥有一支高素质的人才队伍，具备数据挖掘、文本分析等技术能力，以及学科专业知识整合和管理能力。第二，图书馆需要加强与各领域、各行业的合作和交流，共同推进知识的创新和应用。此外，图书馆还需要不断更新和拓展自身的软、硬件设施，提高信息技术的水平和应用能力。在转型与创新阶段，图书馆的角色和功能发生了深刻的变化。总之，数字化时代图书馆不再是简单的资源收集者和保管者，而是成为知识的组织者和呈现者。通过深度加工和整合资源，图书馆能够提高知识服务的水平，满足用户的需求，并拓展新的服务领域。

**2. 知识图谱与语义网的应用**

为了顺应信息时代的发展潮流，图书馆正在积极寻求转变。其中，采用先进的技术工具是实现这一转变的重要手段。这些技术工具包括知识图谱和语义网等。它能够展示知识之间的关联和脉络，将零散的知识点连接成一个有机的知识体系。图书馆通过使用知识图谱，可以将资源的元数据、内容摘要、关键词等信息进行关联和整合，为用户提供更加系统化和结构化的知识视图。例如，当用户搜索一个主题时，图书馆可以利用知识图谱将与该主题相关的知识点进行整合，并呈现出一个清晰的知识网络。这不仅可以帮助用户更好地理解该主题，还能够发现新的知识点和研究方向。语义网络是基于网络的一种知识表示和推理技术。它通过对资源进行语义标注和关联，能够提供更精确和智能的知识检索和推荐功能。图书馆可以利用语义网技术，对用户查询进行语义解析和扩展，准确地反馈与用户需求匹配的知识结果。例如，当用户搜索一个概念时，图书馆可以利用语义网技术对搜索结果进行智能过滤和推荐，这样不仅可以提高搜索的准确性和效率，还能够为用户提供更加个性化的服务。除了上述技术工具外，图书馆还可以采用其他先进的技术手段来实现转变。例如，利用人工智能技术对馆藏资源进行智能管理和推荐，利用大数据技术对用户行为进行分析和挖掘，利用云计算技术提高图书馆的信息技术能力和服务效率等。为了实现信息时代的发展转变，图书馆需要积极采用先进的技术工具和技术手段。这些技术不仅可以提高图书馆的服务质量和效率，还能够为用户提供更加个性化、智能化的服务体验。同时，图书馆也需要不断更新观念和管理模式，以适应信息时代的发展需求。

### 3. 开放获取政策的推行

除了在技术层面上进行创新，图书馆在转型和创新阶段也应积极推行开放获取政策。开放获取是一种理念，旨在将学术研究成果进行免费提供和开放许可，以鼓励学术交流和合作。开放获取政策的实施，无疑为学术界带来了许多积极的影响。第一，它促进了学术成果的广泛传播和共享。在传统的学术出版模式下，论文的发表往往受到出版商的限制，并且需要支付高昂的出版费用。而开放获取政策的实施，使得学术成果得以自由传播，不仅可以提高研究成果的可见度，也使得更多的读者能够接触到最新的研究成果。第二，开放获取政策激发了学术创新和知识创造。当学术成果能够被更多的人自由获取和利用时，研究者们就能够更好地借鉴他人的研究成果，避免重复劳动，从而更加专注于研究的新领域和创新点。这种环境能够激发研究者的创新精神，推动知识创造和发展。为了更好地支持开放获取政策，图书馆提供了相关的工具和服务。例如，它们托管开放存取期刊，使得这些期刊能够在互联网上被广泛访问和下载。此外，图书馆还提供学术成果的元数据共享服务，使得研究者们能够更好地管理和利用自己的研究成果。这些服务不仅方便了研究者们的工作，也进一步推动了学术界的合作和交流。事实上，开放获取政策已经得到了广泛的认可和实施。许多国际组织和机构都在积极推动开放获取的发展。例如，联合国教科文组织就明确支持开放获取政策，并呼吁各国政府和研究机构积极推行开放获取。此外，一些著名的学术机构和

期刊也纷纷加入开放获取的行列中来，为推动学术界的合作和交流作出了积极的贡献。总之，图书馆在转型和创新阶段积极推行开放获取政策，对于推动学术界的合作和交流具有重要意义。通过提供相关的工具和服务支持开放获取政策，图书馆不仅方便了研究者们的工作，也进一步促进了学术成果的广泛传播和共享，激发了学术创新和知识创造。在未来，期待看到更多的图书馆加入开放获取的行列中来，为推动学术界的发展作出更大的贡献。这种转型与创新不仅提升了图书馆在学术界和社会中的地位和影响力，也使图书馆成为更加活跃和开放的知识创新平台。通过以用户为中心的知识服务，图书馆能够助力学术研究，为构建学习型社会作出贡献。

（三）跨界合作与创新服务的探索与实践

在数字化图书馆的转型与创新阶段，跨界合作被视为图书馆发展的重要途径。与其他领域的机构和社区进行合作，可以为图书馆注入新的活力和创新力量，进一步丰富其服务内容、拓展服务领域。

1. 与科研机构的合作

图书馆与科研机构之间的深度合作，尤其是在数据管理和共享方面，具有巨大的潜力。在科研领域，数据的重要性不言而喻，它不仅是科研过程的关键环节，也是科研成果交流和合作的基础。因此，图书馆与科研机构的合作可以为科研人员提供高效且专业的科研数据管理和共享服务。第一，图书馆在数据管理方面具有显著的优势。由于图书馆具有强大的数据存储、处理和组织能力，其专业馆员具备高度的信息素养，可以为科研人员提供安全且稳定的数据存储解决方案。通过图书馆的协助，科研人员可以轻松分类、整理和存储各类科研数据，确保数据的真实性和完整性。此外，图书馆还提供数据备份和恢复服务，以防止任何形式的数据丢失或损坏。第二，图书馆在推动数据共享方面扮演着至关重要的角色。通过协助科研机构制定数据共享政策，图书馆可以帮助科研机构建立一套完整的数据共享规范和流程。这不仅明确了数据共享的权利和义务，也规定了数据使用的限制和要求。这样既可以促进科研数据的开放获取和重复使用，又可以有效地保护科研数据的版权和隐私。第三，图书馆在促进科研成果的交流和合作方面具有不可替代的作用。通过提供数据管理和共享服务，图书馆不仅可以帮助科研人员更好地分享和利用科研成果，还可以为他们提供专业的信息检索和数据分析服务，以帮助他们更好地了解领域内的研究成果和发展趋势。此外，图书馆还可以通过组织各种学术交流活动和研讨会，为科研人员搭建一个交流思想和分享经验的平台。总之，图书馆与科研机构的合作可以为科研人员提供全方位的数据管理和共享服务。这不仅可以提高科研效率和质量，还可以促进科研成果的交流和合作。展望未来，随着技术的不断进步和需求的不断变化，图书馆与科研机构之间的合作将更加紧密和深化。

### 2. 与出版社、书店的合作

图书馆与出版社、书店之间的合作可以为创新创业提供有力支持，这一观点在当今社会已经得到了广泛的认可。图书馆作为知识资源的汇聚地，拥有丰富的文献资料和信息服务经验，而出版社、书店则具备市场洞察和创新实践能力。二者的结合，可以为创新创业搭建一个充满活力的平台。第一，出版社、书店可以通过提供市场情报、竞品分析、产品研发等方面的支持，为图书馆提供全方位的信息服务。这些服务可以帮助图书馆更好地了解市场和竞争对手，从而调整产品策略和营销方案。同时，图书馆还可以通过开展工作人员培训和教育服务，提升工作人员的数字素养和创新能力，为图书馆的发展注入新的活力。第二，出版社、书店的创新实践可以为图书馆的知识服务提供宝贵的反馈。出版社、书店可以提供关于市场需求、产品反馈和运营效果等方面的信息，帮助图书馆更好地完善和优化信息服务。同时，出版社、书店的创新实践也可以为图书馆带来新的思路和想法，进一步推动图书馆的知识服务创新和发展。此外，图书馆与出版社、书店之间的合作还可以促进创新创业文化的建设。通过合作，可以营造一个鼓励创新、支持创业的文化氛围。在这样的氛围下，出版社、书店和个人都可以获得更多的创新创业灵感和机会。总之，图书馆与出版社、书店间的合作可以为创新创业提供有力的支持。这种合作不仅可以提高图书馆的竞争力和创新能力，还可以促进图书馆的知识服务创新和发展。因此，图书馆应该积极推动这种合作模式的发

展，为创新创业搭建一个充满活力的平台。

### 3. 与社区的合作

图书馆与社区的合作在推动数字素养教育和文化推广活动方面具有巨大的潜力。在数字化日益普及的今天，数字素养已经变得至关重要，它不仅是一项基本技能，更是公民融入社会的重要前提。图书馆作为社会教育的重要机构，有责任和义务提供数字素养教育的场所，社区则是实施这一教育的重要合作伙伴。图书馆与社区的合作能够为数字素养教育提供广阔的平台。图书馆拥有丰富的信息资源和良好的学习环境，可以为社区居民提供各种形式的培训和教育活动，如计算机基础课程、网络搜索技巧、电子数据库使用等。这些培训活动不仅可以提高公众的数字素养水平，还可以帮助人们更好地利用数字技术，提高生活质量。除了数字素养教育，图书馆与社区的合作还可以促进文化的传承和发展。图书馆作为文化遗产的聚集地，拥有丰富的文献资源和艺术作品，可以为社区居民提供各种文化推广活动。例如，图书馆可以组织读书会、讲座、展览等活动，引导公众了解和欣赏本地的文化遗产，促进文化的传承和发展。这些活动不仅可以丰富公众的精神文化生活，还可以增强社区的凝聚力，推动社区的和谐发展。为了更好地发挥图书馆与社区的合作效益，为此可以采取一些措施。第一，图书馆可以与社区组织建立长期稳定的合作关系，共同制定数字素养教育和文化推广活动的计划和实施方案。第二，图书馆可以邀请社区居民参与活动的策划和组织，让公众更好地参与到活动中来。第三，图书馆可以利用现代信息技术手段，如网络直播、在线教育等，将优质的教育和文化资源传播到更广泛的受众中去。总之，图书馆与社区的合作在推动数字素养教育和文化推广活动方面具有巨大的潜力。通过这种合作，不仅可以提高公众的数字素养水平，丰富公众的精神文化生活，还可以促进文化的传承和发展，增强社区的凝聚力。为了实现这些目标，需要采取有效的措施，建立稳定的合作关系，充分利用现代信息技术手段，让优质的教育和文化资源惠及更多的人。

## 第三节　数字化转型的理论模型

### 一、图书馆数字化转型的理论模型构建

（一）模型构建的目标与原则

**1. 目标**

构建图书馆数字化转型理论模型的目标在于为图书馆提供一套全面、系统化的指导框架。这个模型能够揭示数字化转型的核心要素以及各要素之间的相互作用和影响，这将有助于图书馆在数字化发展过程中做出明智的决策和实践，以满足读者不断变化的需求，并提升图书馆的服务质量。

**2. 原则**

在构建理论模型时，应遵循以下原则：

（1）全面性原则

模型应涵盖图书馆数字化转型的各个方面，避免遗漏重要因素。

（2）简洁性原则

模型应简洁明了，避免过于复杂化，以便于理解和应用。

（3）可操作性原则

模型应具有可操作性，能够为图书馆的实践提供具体的指导和建议。

（二）模型的核心要素

**1. 资源**

图书馆作为一个重要的社会机构，拥有丰富的资源来支持其服务和转型。这些资源包括图书馆的馆藏资源、数字资源、人力资源等，它们是图书馆提供服务和进行转型的基础。第一，图书馆的馆藏资源是图书馆的核心资源之一，包括各种纸质书籍、电子书籍、期刊、报纸等。这些资源为图书馆提供了丰富的信息基础，使得读者可以在图书馆中获取到各种所需的信息。随着

数字时代的到来，图书馆的馆藏资源也在逐渐向数字化转型，如建设电子阅览室、数字化纸质资源等，以提供更加便捷的服务。第二，数字资源也是图书馆的重要资源之一。数字资源包括各种电子书籍、音频资料、视频资料、数据库等，这些资源可以通过网络进行访问和使用，使得读者可以更加方便地获取信息。同时，数字资源也使得图书馆可以提供更加多样化的服务，例如在线阅读、在线听书、在线学习等。最后，人力资源也是图书馆的重要资源之一。图书馆的工作人员是图书馆服务的核心力量，他们需要具备专业的知识和技能，能够提供高质量的读者服务。同时，随着数字时代的到来，图书馆也需要更多的数字化人才来维护和管理数字资源，以提供更加高效的服务。总之，图书馆的馆藏资源、数字资源和人力资源是图书馆提供服务和进行转型的基础。随着社会的不断发展，图书馆需要不断更新和拓展这些资源，以提供更加优质的服务来满足读者的需求。

**2. 技术**

在当今社会，信息技术、数字化技术和人工智能等高科技领域正在以前所未有的速度改变着人们的生活方式。其中，图书馆作为传统信息集散地，也正面临着巨大的挑战和机遇。技术，尤其是数字化技术，已经成为推动图书馆转型的关键因素。通过应用这些先进技术，图书馆能够提升资源的管理和利用效率，改进服务模式，更好地满足读者的需求。第一，数字化技术使得图书馆资源的管理和利用效率得到了显著提升。在过去，图书馆主要依赖纸质书籍和手动管理方式，不仅工作量大，而且效率低下。然而，随着数字化技术的引入，图书馆的资源形式发生了巨大的变化。现在，图书馆可以将大量的书籍和资料转化为电子格式，方便读者在任何时间、任何地点进行在线阅读或下载。此外，数字化技术还使得图书馆能够快速、准确地检索和分类书籍和资料，从而极大地提高了管理效率。第二，数字化技术也改进了图书馆的服务模式。传统图书馆的服务模式往往以图书馆为中心，读者需要亲自到图书馆查询和借阅书籍。然而，随着互联网和移动设备的普及，读者越来越希望能够随时随地获取信息。数字化技术使得图书馆能够提供在线查询、预约、借阅等服务，打破了时空限制，满足了读者的便利性需求。此外，数字化技术还使图书馆能够提供更加多样化的服务，如在线讲座、数字化展览等，丰富了读者的阅读体验。为了更好地满足读者的需求，一些图书馆还采用了人工智能技术来改进服务。例如，一些图书馆引入了智能问答系统，能够快速回答读者的问题，提供更加精准的服务。还有一些图书馆引入了智能排架系统，能够根据读者的借阅习惯和图书的流通情况自动安排图书的摆放位置，使得读者能够更加方便地找到所需的图书。除了提高管理和服务效率之外，数字化技术还为图书馆带来了更多的可能性。

3. 服务

图书馆作为知识资源的中心，在信息时代中扮演着越来越重要的角色。为了更好地满足读者的需求，图书馆需要不断地进行自我更新和转型。其中，提升服务质量是至关重要的。其核心职能包括读者服务、参考咨询和学科服务等。读者服务是图书馆的基础职能，它包括借阅图书、阅读指导、阅读推广等活动。通过优化读者服务，图书馆可以吸引更多的读者，提高读者的满意度和忠诚度。参考咨询是图书馆提供的高级服务，它包括回答读者的问题、提供文献资料、进行信息素养培训等。通过加强参考咨询服务，图书馆可以提高自身的信息能力和知识服务水平，更好地满足读者的需求。学科服务是图书馆提供的专业化服务，它包括学科导航、学科评价、科研支持等活动。通过开展学科服务，图书馆可以更好地融入学术研究领域，为学科发展和科研进步作出贡献。为此，图书馆需注重创新服务模式，拓展服务领域，提高自身的竞争力和影响力。为了实现这些目标，图书馆需要采取下列的一些措施。第一，图书馆需要加强与读者的沟通和互动，了解读者的需求和反馈，不断优化自身的服务。第二，图书馆需要提高工作人员的素质和能力，加强培训和管理，确保他们能够提供高质量的服务。第三，图书馆需要注重数字化建设，利用现代信息技术提高自身的服务水平和效率，为未来的发展奠定坚实的基础。

4. 组织

作为社会文化交流的重要场所，图书馆的组织结构、工作流程和合作模式等十分关键，尤其是随着数字化时代的到来，图书馆转型面临的最大挑战

就是组织层面的转型。组织结构转型是数字化转型的关键。传统的图书馆组织结构往往以层级式为主，这种结构在数字化时代显得过于僵化，无法适应快速变化的环境。因此，图书馆需要构建更加灵活，适应性强、创新性高的组织结构——扁平化组织结构。扁平化组织结构是一种具有高度适应性的组织结构，它将决策权下放，使工作人员能够更加快速地响应市场需求。这种组织结构能够激发工作人员的创造力和参与度，提高图书馆的创新能力。同时，扁平化组织结构还能够促进图书馆内部的沟通和协作，为数字化转型提供有力的支持。当然图书馆的工作流程也需要进行优化，以适应数字化转型的需求。第一，图书馆需要将传统的纸质图书借阅模式转化为数字化借阅模式，提高借阅效率。第二，图书馆需要引入智能化技术，如人工智能、大数据等，对图书资源进行智能化管理，提高管理效率。同时，图书馆还需要加强与其他机构的合作，实现资源共享和优化配置。

### 5. 管理

管理在现代组织中扮演着至关重要的角色，涵盖了多个领域，如战略管理、项目管理、创新管理等。这些管理技巧和工具的运用，对于组织的运营和发展起到了关键的引导和协调作用。在图书馆的转型过程中，管理是能够确保转型目标顺利实现的关键，为组织的未来发展奠定了坚实的基础。第一，战略管理是组织成功的关键因素之一。战略规划不仅为组织提供了明确的发展方向，还能够帮助组织在竞争激烈的市场中保持领先地位。通过深入分析市场需求、行业趋势和竞争对手，组织可以制定出符合自身特点的战略，以最大化利用资源，实现可持续增长。此外，战略管理还强调对外部环境的敏锐洞察和适应能力，以便在变化的市场环境中稳健地运营。第二，项目管理是实现组织目标的重要手段之一。项目是组织实现战略目标的重要载体，项目管理的目的是确保项目的进度、质量和成本得到有效控制。通过运用项目管理方法和工具，组织能够协调各个部门和团队之间的工作，确保项目按时完成，达到预期目标。此外，项目管理还涉及风险管理、沟通管理、质量管理等多个方面，这些方面的综合管理能够提高项目的成功率，为组织的转型和发展提供有力支持。第三，创新管理是推动组织持续发展的重要动力之一。

创新是组织在市场竞争中获得优势的关键因素，创新管理旨在激发组织的创新活力，推动产品和服务的升级换代。通过建立创新文化、搭建创新平台、提供创新资源等方式，组织可以鼓励工作人员提出新的想法和解决方案，推动科技创新、产品创新和市场创新等。此外，创新管理还需要重视知识产权保护和标准化工作，以保护组织的创新成果和核心利益。管理在组织的转型和发展中扮演着举足轻重的角色。通过运用战略管理、项目管理、创新管理等管理技巧和工具，组织可以实现资源的优化配置，提高运营效率，增强市场竞争力。同时，管理也需要不断适应市场的变化和组织的发展需求，不断完善和创新管理方式和方法，为组织的持续发展和成功提供有力的保障。

（三）要素之间的关系与相互作用分析

资源、技术、服务、组织与管理等要素在图书馆数字化转型过程中相互关联、相互作用。资源是基础和前提，技术是推动力，服务是核心职能，组织和管理是保障和引导。这些要素缺一不可，共同构成了图书馆数字化转型的完整体系。具体而言，技术进步能够推动资源的数字化和管理的高效化，提升服务质量；资源的丰富度和优化管理有助于服务的提供和技术的研发；服务的创新和改进需要资源、技术和管理的支持；组织的变革和管理模式的创新能够为资源、技术、服务的转型提供有力保障。

## 二、图书馆数字化转型的实践探索与案例分析

随着信息技术的飞速发展，图书馆界正在经历着一场前所未有的变革——数字化转型，无论国内还是国外，都在努力追赶这个趋势，以便为读者提供更高效、更便捷的服务。这种转型，不仅涉及技术层面的升级，更包括服务模式、管理模式等层面全方位的变革。在技术层面，数字化转型意味着图书馆需要将传统的纸质书籍转化为数字格式，以便读者可以在线访问。而这需要图书馆投入大量的时间和资源，包括对书籍进行扫描、校对和编辑等步骤。此外，数字化转型还需要图书馆拥有先进的技术设备，如高性能计算机、扫描仪和存储设备等。通过这些设备，图书馆可以快速地将书籍转化

为数字格式，并提供高效的在线服务。除了技术层面的升级，数字化转型还涉及服务模式的变革。在过去，读者需要亲自到图书馆借阅书籍或查阅资料，而现在，随着数字化转型的推进，读者可以通过在线平台进行远程访问，随时随地获取所需的信息。这种服务模式的变革，不仅为读者提供了更多的便利性，也提高了图书馆的效率和服务质量。在管理模式方面，数字化转型带来的冲击也不容小觑。传统的管理模式主要依赖于人工操作，而数字化转型则要求图书馆采用自动化系统进行管理。自动化系统可以快速地完成各项任务，如借阅、归还、查询等操作，同时也提高了图书馆的安全性和可靠性。从具体的实践来看，国内外图书馆都在努力尝试将更多的传统服务转化为数字化服务。如一些图书馆已经将传统的纸质报纸转化为数字格式，并提供在线阅读服务。此外，一些图书馆还提供了数字化订阅服务，读者可以通过付费方式获取更多的数字资源。这些数字化服务的提供，满足了现代读者对于便捷、快速和个性化服务的需求。为了更好地满足读者的需求，图书馆还需要不断探索和创新。如一些图书馆通过虚拟现实（VR）或增强现实（AR）服务，为读者提供了沉浸式的阅读体验。此外，一些图书馆还通过大数据分析等技术手段，了解读者的阅读习惯和需求，以便提供更加精准的服务。在数字化转型的过程中，图书馆还需要关注一些问题。例如，数字化资源的版权问题、数据安全问题以及读者隐私保护问题等。这些问题需要图书馆制定相应的政策和措施来加以解决，以确保数字化服务的合法性和安全性。

**典型案例**

### 案例一：某大型公共图书馆数字化转型

**过程：**

在过去的几年里，该图书馆经历了一场深刻的数字化转型。在转型初期，图书馆进行了全面的现状评估，深入了解了读者需求的变化和数字技术的潜力。通过细致的调研和分析，图书馆明确了转型的目标和方向，即提升数字化资源的比例和质量、优化读者服务平台、加强数字化人才培养等。基于评估结果，图书馆制定了分阶段进行数字化转型的计划。这个计划不仅关注技术的升级和资源配置，更重视组织架构的调整和工作人员的培训。在转型实施过程中，图书馆与数字技术合作伙伴密切合作，逐步提升数字化资源的比例和质量，优化读者服务平台，并进行数字化人才培训。图书馆的转型实践表明，这些措施有效地推动了图书馆的数字化转型进程。在技术升级方面，图书馆采用了先进的数据分析技术和人工智能算法，对读者行为进行分析和预测，这使得图书馆能够更加精准地满足读者的需求，提高服务质量。同时，图书馆还采用了云计算和大数据技术，实现了资源的共享和高效利用。在组织架构调整方面，图书馆注重工作人员的参与和沟通。通过建立跨部门的协作机制，图书馆实现了内部资源的有效整合和外部合作伙伴的协同作战。此外，图书馆还设立了专门的数字化部门，负责数字化转型的策划和实施。在资源配置方面，图书馆加大了对数字化转型的投入力度。除了资金支持外，图书馆还提供了人力资源、场地和设备等方面的支持。这些资源保障了数字化转型计划的顺利实施。在人才培训方面，图书馆重视工作人员的技能提升和知识更新。通过定期举办数字化技术培训和知识讲座，图书馆帮助工作人员更好地适应数字化转型的需求。同时，图书馆还积极引进具有数字化背景的人才，提高团队的整体素质。经过几年的转型实践，该馆逐渐实现了从传统到数字化的过渡。统计数据显示，图书馆的数字化资源占比已经超过了50%，并且还在持续增长。同时，读者的满意度也得到了显著提升。这些成果得益于图书馆全面、科学的数字化转型计划和坚定的执行力。该馆数字化转型的实践为其他机构提供了有益的借鉴。第一，进行全面的现状评估是关键的一步。通过深入了解读者需求和数字技术的潜力，为后续的转型计划提供有力的支撑。第二，制定分阶段实施的数字化转型计划是必要的步骤。这有助于确保转型过程中的每一步都有的放矢、科学合理。第三，重视人才培训和合作伙伴的选择是重要保障。因为只有具备了高素质的人才队伍和优秀的合作伙伴，才能推动数字化转型的顺利进行。

**策略：**

该馆采取的实施策略充分体现了其前瞻性和创新性。它以读者需求为导向，将更多的资源进行数字化处理，确保这些资源能够得到有效的利用。通

过这种方式，图书馆不仅能够满足读者的即时需求，还能够预测和引导读者的潜在需求。为了提升读者服务平台的用户体验，图书馆引入了智能检索和个性化推荐等功能。这些功能利用先进的算法和数据分析技术，根据用户的兴趣和历史行为，为其提供个性化的检索和推荐结果。这不仅提高了读者查找和获取资源的速度和准确性，还为其提供了更加贴心的服务体验。在团队建设方面，图书馆重视数字化人才的培养。通过内部培训和外部引进的方式，构建了一支专业的数字化团队。这支团队具备丰富的数字化知识和技能，能够有效地应对数字化过程中的各种挑战，确保数字化工作的顺利进行。此外，图书馆还采用了其他一些策略来提高数字化工作的效率和质量。例如，它与专业的数字化公司合作，利用其先进的设备和专业技术，共同完成一些难度较大的数字化任务。同时，图书馆还注重与读者的互动和沟通，通过调查问卷、反馈渠道等方式，收集读者的反馈和建议，及时调整和优化数字化工作。

**成果与经验：**

经过数字化转型，该图书馆的数字化资源比例大幅提升，读者服务平台的功能和性能明显改善，读者满意度提高。该图书馆在数字化转型之后，数字化资源比例由原来的20%提升至60%，这一显著变化为读者带来了更加便捷、全面的阅读服务。原先需要排队等待借阅的书籍，如今可以通过图书馆的网站或移动应用程序轻松预约并在线阅读。同时，图书馆的读者服务平台也得到了显著改进，不仅响应速度更快，界面设计也更人性化，使用起来更加方便。通过这次转型，该馆的读者满意度也得到了明显提升。统计数据显示，读者满意度从转型前的60%提升至90%，这无疑是对图书馆转型成果的最好证明。此外，图书馆的运营效率也得到了显著提高，资源配置更加合理，人员和空间得到了更加充分的利用。在这次数字化转型过程中，该馆也意识到与技术合作伙伴的紧密合作是转型成功的关键。通过与技术合作伙伴的沟通、协作，图书馆得以引入先进的技术和设备，为读者提供更好的服务。同时，图书馆也需不断跟进新技术的发展，以保持其在数字化转型过程中的领先地位。重视读者需求和反馈也是该馆在转型过程中的重要经验。通过不断收集读者的反馈意见和建议，图书馆能够及时发现并改进服务中的不足之处，不断优化服务体验。这种以读者为中心的服务理念，使得图书馆在转型过程中得到了读者的广泛认可和支持。该馆的数字化转型取得了显著的成果。通过提升数字化资源比例、改进读者服务平台、关注读者需求和反馈等措施，图书馆成功地提升了运营效率和服务质量。未来，该图书馆将继续保持与技术合作伙伴的紧密合作，关注新技术的发展，以更好地满足读者的需求并不断提升服务水平。

## 案例二：某高校图书馆数字化转型

**过程：**

随着科技飞速发展和数字化时代的到来，高校图书馆正面临着日益增长的数字化资源需求的挑战。为了满足师生们对于便捷、高效的学术资源获取需求，该高校图书馆决定进行数字化转型。在资源整合方面，图书馆将大量的纸质学术资源进行数字化处理，使这些宝贵的学术资料得以永久保存。此外，图书馆还积极与出版社和研究机构合作，获取更多的数字化学术资源，为师生的学术研究提供更多支持。为了方便师生们获取学术资源，图书馆开发了统一的学术资源检索平台。这个平台可以同时检索多个数据库，并提供详细的检索结果和相关文献信息，从而大大提高了学术资源获取的效率和准确性。同时，图书馆还提供了多种访问服务，包括在线阅读、下载、打印等，以及移动端和PC端的同步更新，师生们可以随时随地获取所需的学术资源。图书馆引入了科研数据管理和学术交流工具。这些工具可以帮助师生们更好地管理、分享和交流科研数据，促进学术合作与成果分享。同时，这些工具还帮助师生们更好地了解领域内的最新研究动态和趋势，为他们的学术研究提供更多启示和支持。该校图书馆的数字化转型不仅提高了学术资源的获取效率和准确性，还为师生的学术研究提供了更多支持和帮助。未来，图书馆将继续积极探索和创新，为师生提供更加优质、便捷的数字化服务。

**策略：**

该校图书馆的策略核心是学术资源的全面数字化和整合，其重点是积极与出版社和研究机构建立合作关系，以获取更多学术资源的授权。通过这样

的合作，图书馆得以丰富其数字资源库，为师生提供更广泛、更便捷的学术资源获取渠道。为了保障数字资源的全面性和可用性，该馆采取了多种措施。第一，他们积极与各大出版社和研究机构签订许可协议，确保能及时获取最新、最权威的学术资源。第二，图书馆还注重对资源的更新和维护，定期对数字资源库进行更新和优化，以满足师生的学术需求。除了资源的获取，该馆还十分注重提升师生的数字素养。他们开展了一系列培训课程和研讨会，帮助师生掌握数字资源的查找、评价和使用方法。这些培训活动，不仅提高了师生的信息素养，也促进了他们更有效地利用数字化资源进行学术研究。另外，该校图书馆还提供了定制化的信息咨询服务。师生可以通过线上线下两种方式，向图书馆员咨询学术资源的获取和使用问题，从而获得更具针对性的帮助。

该馆通过与出版社和研究机构的合作、提升师生数字素养以及提供个性化信息咨询服务等措施，实现了学术资源的全面数字化和整合。这样的策略，不仅丰富了图书馆的数字资源库，也提高了师生的学术研究效率。

**成果与经验：**

在当今高度信息化的社会，数字化转型已经成为各行各业发展的必经之路。其中，高校图书馆作为学术研究的重要基地，也积极拥抱了数字化转型的趋势，为学术研究提供了更为丰富、便捷的资源与支持。该高校图书馆在数字化转型之后，不仅成了一个重要的学术资源枢纽，同时也为学术交流与合作提供了良好的平台。图书馆通过引入各种数字化资源，使得学术研究变得更加便利，各种学术信息唾手可得，从而大大提高了学术研究的效率和质量。在数字化资源的建设和管理方面，该校图书馆已经形成了一套完整的体系和经验。他们意识到，要提供全面且权威的学术资源，与出版社和研究机构的紧密合作是必不可少的。只有通过深度合作，才能够引入更多优质、及时的学术资源，满足广大师生的学术需求。同时，该校图书馆也十分注重对师生数字素养的培训和支持。他们发现，只有当师生具备了一定的数字素养，才能够更好地利用数字化资源，发挥出数字化转型的最大优势。因此，图书馆会定期组织各种形式的培训活动，提高师生获取、处理和分析数字化信息的能力。该校图书馆还积极引入了各种先进的数字化技术，如人工智能、大数据分析等，来提高对于学术资源的搜索和分析能力。他们相信，只有通过不断地引入新技术、新方法，才能够更好地服务于广大师生和学术界。该校图书馆通过数字化转型，不仅成为学术研究的重要枢纽，同时也为学术交流与合作提供了良好的平台。未来，他们将继续努力，不断优化数字化资源的建设和管理，提高师生的数字素养，引入更多先进的数字化技术，为学术界的发展作出更大的贡献。

通过以上两个典型案例的分析可以看到，图书馆数字化转型是一项复杂而必要的任务。在制定明确的转型目标和策略后，图书馆需要与技术合作伙伴、版权方以及读者等各方紧密合作，不断跟进新技术的发展，优化资源配置和服务模式，以实现可持续的数字化转型和发展。第一，图书馆需要与技术合作伙伴紧密合作。在数字化转型过程中，技术是关键的支撑。图书馆需要与技术公司或研发团队建立长期稳定的合作关系，共同研发符合图书馆实际需求的技术解决方案。例如，图书馆可以引入智能化的管理系统，实现图书的自动化借阅和管理，同时也可以建立数字化的图书资源库，提供更加便捷的检索和阅读服务。此外，图书馆还可以借助人工智能、大数据等技术手段，对读者的阅读行为和需求进行分析，以便为读者提供更加个性化的服务。第二，图书馆需要与版权方合作。在数字化转型过程中，版权问题是一个必须面对的挑战。图书馆需要与版权方进行深入的沟通和合作，遵守版权法律法规，保护知识产权。同时，图书馆也需要获得版权方的授权，以便将图书资源进行数字化处理和传播。通过与版权方的合作，图书馆可以建立更加完善的数字版权管理体系，为数字化转型提供更加稳定和可靠的法律保障。第三，图书馆需要与读者保持良好的沟通和合作。在数字化转型过程中，读者的需求和意见至关重要。图书馆需要积极开展读者调研和意见收集工作，了解读者的需求和反馈，及时调整服务策略和方向。同时，图书馆也需要通过各种渠道和方式，向读者宣传和推广数字化服务，引导读者使用数字化资源和服务。

## 三、图书馆数字化转型的价值与影响

### （一）转型对图书馆服务方式的影响

数字化飞速发展，使图书馆面临巨大的挑战，但与此同时，也为图书馆提升服务质量提供了极大的机遇，图书馆可借助先进的技术手段实现数字化转型，从而为读者提供更快速、更便捷的资源检索和获取方式。首先，数字化转型使图书馆能够突破时间和地理的限制。通过电子设备，读者可以随时随地访问图书馆的数字资源，无论是在家、办公室，还是在旅途中，都能轻松获取所需的知识和信息。这种便捷性是传统图书馆无法比拟的，它大大地提高了读者的使用体验和满意度。其次，数字化转型还带来了个性化服务的发展。图书馆可以通过读者的兴趣和历史行为，为其推荐相关的资源和服务，满足读者的个性化需求。这种精准度是传统图书馆所无法企及的，它能够更好地满足读者的需求，提升服务的满意度。此外，数字化转型还为图书馆带来了更多的可能性。例如，通过大数据分析，图书馆可以了解读者的阅读习惯和需求，从而更好地优化资源和服务。同时，图书馆还可以借助人工智能等技术，实现自动化和智能化的管理，提高工作效率和质量。数字化转型是图书馆提升服务质量的必经之路。它不仅能够提高服务的便捷性和精准度，还能够为图书馆带来更多的机遇和发展空间。在未来，随着技术的不断进步和创新，相信图书馆将会以更加先进、更加人性化的方式，为读者提供更好的服务。

### （二）转型对图书馆社会角色的影响

图书馆作为知识的重要传播场所，在数字化转型的浪潮中，其社会角色和功能发生了显著的变化。随着互联网技术的不断发展，图书馆已经逐渐从传统的实体场所转变为虚拟的数字图书馆，这一转变极大地加速了知识的传播速度和广度。首先，数字化转型使图书馆的资源变得更加丰富和多样化。传统的图书馆主要依赖于纸质书籍和期刊，而数字图书馆则可以通过网络链接全球的资源，包括电子书籍、期刊论文、数据库等。这意味着读者可以随时随地获取到来自世界各地的知识资源，从而极大地拓宽了读者的视野。其次，数字化转型使图书馆的服务变得更加便捷和高效。读者可以通过电脑、手机等终端设备随时随地访问数字图书馆的资源，不受时空的限制。此外，数字图书馆还提供了在线咨询、参考咨询等个性化服务，使得读者可以更加方便地获取所需的知识和信息。最后，数字化转型使得图书馆成为知识交流和共享的平台。数字图书馆不仅提供了丰富的知识资源，还为读者提供了一个互动和交流的空间。读者可以在数字图书馆中分享自己的知识和经验，也可以与其他读者进行交流和讨论，从而促进了知识的共享和交流。总之，数字化转型使得图书馆成为知识传播的重要场所。通过数字图书馆，人们可以更加便捷地获取到来自世界各地的知识资源，也可以更加方便地进行知识的交流和共享。这不仅有助于提高个人的知识水平和素养，也有助于促进社会的进步和发展。

（三）转型的经济价值与社会效益分析

从经济价值角度看，图书馆数字化转型可以带动相关产业的发展。数字化转型过程需要大量的技术支持和服务，从而为 IT 产业、数字内容产业等提供了商机。同时，数字化转型提高了图书馆的服务质量和效率，吸引了更多的读者使用图书馆的资源和服务，进一步推动了文化产业的发展。

从社会效益角度看，图书馆的数字化转型对于提高国民素质、促进社会进步具有不可替代的作用。转型后的图书馆能够更好地满足读者的知识需求，推动社会文化的传承和创新，为社会的可持续发展提供智力支持。

图书馆的数字化转型对于图书馆自身、社会以及经济领域都具有深远影响和价值。它不仅提升了图书馆的服务质量和效率，拓展了服务领域，还促进了知识的传播和文化的创新。同时，转型也带来了经济价值的增长和社会效益的提升，为社会的可持续发展作出了积极贡献。

# 第三章　数字化图书馆建设与管理

## 第一节　数字资源的采集与管理

信息时代，图书馆数字化已经成为其发展的重要方向。它不仅丰富了传统图书馆的资源形态，还极大地提高了资源的传播效率和利用价值。数字资源作为数字化图书馆的核心，对于图书馆的服务质量、科研支持以及社会影响力都起到了决定性的作用。因此，数字资源的采集和管理在图书馆数字化转型过程中有着重要的价值和意义。

### 一、数字资源的采集

#### （一）数字资源采集的流程与方法

一个完善的数字资源采集流程可以确保图书馆能够系统地获取高质量的数字资源，并满足读者和学者的需求。

**1. 需求分析**

与读者、学者沟通：组织面对面的座谈会、在线问卷调查或个别深度访谈，深入了解读者和学者的研究方向、教学需求以及他们的数字资源使用习惯。这些沟通不仅可以帮助图书馆获取有关读者和学者需求的宝贵信息，还可以建立与他们之间的紧密联系，提高他们的满意度和忠诚度。

在面对面座谈会中，可以邀请不同学科背景、不同职位的读者和学者参加，以便获得更为全面的反馈。图书馆可以通过轻松的氛围和开放式的问题，鼓励他们分享自己的研究兴趣、教学经验以及对数字资源的需求和期望。此外，图书馆还可以组织在线问卷调查，以便让更多的读者和学者能够参与到资源建设工作中来。

对于个别深度访谈，可邀请那些使用数字资源较为频繁的读者和学者，深入了解他们的使用习惯、资源偏好以及在资源获取过程中所遇到的问题。通过倾听他们的声音，可以更好地理解他们的需求和痛点，为后续的资源建设工作提供有力的支持。

历史数据分析：通过对历史借阅记录、数字资源下载量、搜索关键词等数据的分析，找出资源使用的模式和趋势，从而帮助图书馆工作人员了解读者和学者对数字资源的需求变化，以及哪些资源更受欢迎。通过对这些数据的深入分析，可以预测未来的资源需求趋势，提前做好资源采购计划，提高资源的利用效率。

形成需求清单：结合上述分析，明确需要采集的资源类型、学科领域、时间范围等，形成具体的资源需求清单——该清单将是图书馆进行资源建设的指导手册，帮助图书馆确定需要采购的数字资源，以及如何更好地满足读者和学者的需求。同时，图书馆还可以根据这份清单评估资源的价值和效益，确保投入能够获得相应的回报。

在资源建设过程中，图书馆还需注重细节。如对于不同的学科领域，图书馆需要提供哪些类型的资源？对于不同的时间范围，图书馆需要收集哪些具有代表性的资源？此外，图书馆相关工作人员还需要关注资源的品质和来源的可靠性：为了确保资源的品质，可以邀请专业的编辑人员进行审核；为了确保来源的可靠性，可以与知名的出版商或数据库供应商合作。

通过与读者、学者的沟通，历史数据分析以及形成需求清单等步骤，可更好地了解读者和学者的需求，为他们提供更为优质的数字资源服务。同时，还可以不断提高图书馆资源建设能力，为推动学术发展和进步作出贡献。

**2. 资源调研**

（1）市场资源概览

在数字化快速发展时代，数字资源种类繁多、数量庞大。为了更好地了解这些资源，图书馆需要对市场上的主流数字资源有一定的了解，以便清楚当前市场上可供选择的资源类型和质量。

从内容看，目前的数字资源主要包括数据库、电子期刊、在线图书馆、网络课程等。这些资源涵盖了科学、技术、人文、社会科学等多个领域，为科研人员、教师和学生提供了丰富的学术资源。

在质量方面，不同资源的质量差异较大。一些资源具有较高的权威性和准确性，如一些国家级数据库和知名出版社出版的电子图书，而一些免费资源则可能存在内容质量不高、更新缓慢等问题。

（2）详细资源评估

了解了市场上的数字资源概况后，图书馆需要根据实际需求，深入评估市场上的数字资源，包括其内容质量、权威性、更新频率等。

首先，图书馆需要关注资源的内容质量，包括资源的广度、深度、覆盖面等。对于一些专业领域的资源，图书馆还需要关注其专业性和学术性。

其次，图书馆还需要考虑资源的权威性。一些国家级或知名出版社出版的资源通常具有较高的权威性，而一些免费资源则可能存在这样或那样的问题。因此，在选择资源时，图书馆需要关注资源来源及其可靠性。

此外，图书馆还要关注资源的更新频率，以确保资源的时效性和准确性。

还需考虑资源的可获得性和使用成本。一些资源可能需要通过购买许可证或订阅服务才能使用，而一些免费资源则可能存在访问限制或广告等问题。因此，在选择资源时，图书馆要综合考虑这些因素，以便选择到最适合自己的资源。

（3）资源提供商考察

除了资源本身，图书馆还需对资源提供商的信誉、稳定性、售后服务等进行考察，因为这将有助于图书馆了解资源提供商的可靠性和服务质量，从而为选择到更可靠的资源提供商做好铺垫。

第一，需关注资源提供商的信誉。这包括其资质、经验和客户评价等。图书馆可以通过查询相关网站或咨询其他用户来了解资源提供商的信誉情况。

第二，图书馆需要考虑资源提供商的稳定性。这包括其服务器的稳定性、数据的安全性及技术支持等。一个稳定的资源提供商可以为图书馆提供更为可靠的服务和支持。

第三，图书馆要关注资源提供商的售后服务。这包括客户支持的响应速度、解决问题的能力和用户反馈等。良好的售后服务可以为图书馆提供更好的使用体验和保障。

总之，市场上的数字资源丰富多样，图书馆需要通过详细的市场调研和评估来选择最适合自己的资源。同时，还需要对资源提供商进行考察，以选择更为可靠的合作伙伴，更好地满足图书馆学术和工作需求，提高图书馆工作效率和成果质量。

### 3. 采购或自建决策

图书馆建设中的资源采购与自建是一个重要的决策，它涉及对成本效益的细致分析以及对资源独特性的深入考虑。

首先是对成本效益的分析。图书馆需要详细比较采购现有资源和自建资源的成本，这包括资金、人力和时间等多个方面。

采购现有资源可能涉及一次性费用，但通常可以节省时间和人力资源。例如，购买一套成熟的软件系统可能比自行开发更快速、经济。此外，图书馆可以专注于核心业务，而不是将资源投入非核心的、可能不擅长的领域。

然而，自建资源可能在某些情况下更为合适。如果某些资源具有特殊的学术价值或独特性，自建可能会是更好的选择。因为这可以确保资源的独家性和完整性，从而在竞争激烈的市场中获得独特的优势。例如，某些图书馆可能决定自行研发具有创新性的技术，以保持其在行业中的领先地位。这可能需要大量的投资和时间，但长期来看可能会带来巨大的回报。

其次，在考虑成本效益的同时，资源的独特性也是一个重要的因素。某些资源可能具有特殊的学术价值或独特性，这些资源通常无法从市场上获得，或者虽然可以获得，但价格过高或质量无法保证。在这种情况下，资源自建可能是更好的选择。例如，某些生物技术公司可能需要特殊的实验设备和试剂来支持其研究，而这些资源可能只有通过自行研发和生产才能获得，或者通过采购获得成本过高，这种情况下就可以采取自建的方式。

需要注意的是，自行研发和生产的资源也可能带来一些风险。这需要图书馆具备相应的技术能力和管理能力，以确保资源的有效利用和优化。此外，

图书馆还需要考虑到研发和生产过程中的各种不确定性，如技术难题、市场变化等。

所以，采购现有资源和自建资源都有其优缺点，为此，在作出决策时，图书馆需要综合考虑这些因素，通过细致的分析和研究，最终找到最适合自身情况的解决方案，从而在激烈的市场竞争中获得优势。

4. 合同签订

权益明确：在签订合同时，双方应明确各自的权益，这包括但不限于资源的使用权、版权、更新和维护责任等。对于这些关键问题，双方应当有明确的共识，以避免日后的纠纷和矛盾。

付款与交付方式：在合同中，双方应明确付款方式、付款时间以及资源的交付方式和时间。这可以确保双方在交易过程中的权益得到保障，同时也能避免因误解或信息不明确而产生纠纷。

解约与续约条款：考虑到未来可能的变化，合同中还应包含解约和续约的条款和条件。这些条款可以帮助双方在必要时终止合同或延长合同的有效期，从而适应市场和业务环境的变化。

以上三个方面是签订合同时必须考虑的重要因素。在签订合同时，双方应对这些条款进行深入的讨论和分析，以确保合同的内容能够充分体现双方的意愿，同时也能保障各自的权益。此外，为了确保合同的公平性和有效性，双方还可以在合同中添加其他必要的条款和附件，如保密协议、知识产权保护协议等。

5. 资源加工和发布

元数据描述是资源加工的重要环节。在数字资源的背后，元数据描述如同一双隐形的翅膀，赋予资源以生命和活力。这些描述性数据，如同资源的身份证明和性格特点，让搜索引擎能够在海量信息中准确识别和定位到每一个资源。无论是书籍、期刊论文还是网络资源，每一个都需要图书馆相关工作人员为其添加详细的元数据描述，确保它们在搜索引擎的浩瀚海洋中能够被准确地捕捉和呈现。

分类标引也是资源加工的重要环节。分类标引如同资源的导航标签，它根据资源的学科属性、内容主题以及特点，为其添加合适的分类标签。这样，用户在搜索时，只需通过标签就能轻松地找到自己所需的资源。例如，对于科学类的资源，可以将其标记为"自然科学""社会科学"等；对于文学类的资源，可以标记为"小说""散文"等。这样的分类标签，不仅方便用户进行搜索和筛选，同时也能够帮助图书馆更好地组织和管理自己的数字资源。

资源发布是让精心加工的数字资源从幕后走到台前的关键步骤。将处理好的数字资源发布到图书馆的数字资源平台，让用户能够通过图书馆的网站或者其他渠道轻松地访问到这些资源。发布后的资源，如同羽翼丰满的鸟儿，不仅能够满足用户的需求，也能够为图书馆带来更多的关注。

发布后的资源还需进行持续的维护和更新，以确保其内容与用户需求始终保持紧密关联。同时，图书馆也应定期回顾和优化采集流程，确保流程始终与当前的市场和技术环境相适应。

采购能够快速获取成熟的数字资源，自建则更能体现图书馆的特色和优势，而合作则可以降低成本，共担风险。无论是选择采购、自建还是合作方式进行数字资源的采集，都应考虑到图书馆的实际需求和条件以及市场和技术环境的变化。

### 6. 总结

采购方式能够快速获取成熟的数字资源，从而节省图书馆自行开发的时间和成本。通过与供应商合作购买成熟的数字资源如电子图书、电子期刊等可以满足图书馆对资源的需求，同时也能享受专业的服务支持。这种方式特别适合那些缺乏技术能力或人力资源的图书馆，可以借助外部力量来完善自身的数字资源建设。

自建方式则更能体现图书馆的特色和优势。通过自主研发或委托开发的方式建设具有自身特色的数字资源库，可以更好地满足读者的个性化需求并提升图书馆在学术界的地位和影响力。但这种方式需要图书馆具备一定的技术实力和人才储备，同时也要付出较高的研发成本和时间成本。

合作方式可以降低成本，共担风险。图书馆可以通过与其他图书馆或机构合作共同开发或共享数字资源库实现资源的优势互补，降低成本和风险。

同时合作还能够促进不同机构之间的交流和合作，推动资源的共建共享和社会化服务的进程。

在选择采集方法时图书馆应综合考虑自身的实际情况，如技术实力、经费预算、时间安排等，并做出科学决策，以确保采集的数字资源能够最大程度地满足读者的需求并提升图书馆的服务质量和效益。同时图书馆还应关注市场和技术环境的变化，及时调整采集策略，以确保其始终与当前的环境相适应并保持持续的创新和发展。

（二）数字资源版权管理与许可协议

随着数字化图书馆的发展，版权问题日益凸显，对版权的管理和保护不仅涉及图书馆的声誉，更是法律责任的要求，具体包括以下几方面：

**1. 版权清晰**

在数字化时代，版权问题对于图书馆来说显得尤为重要。尤其是在进行数字资源采集时，确保版权清晰是每个数字化图书馆的首要任务。这不仅有助于保护版权所有者的权益，也能避免因侵犯版权而引发的法律纠纷。

在进行数字资源采集之前，图书馆需要对资源的版权状态进行详尽的调查。这包括但不限于确认资源的版权所有者、版权保护期限以及是否存在其他使用限制。版权归属不明确或存在争议的资源，以及那些侵犯他人版权的资源，应坚决避免采集。

为了实现这一点，数字化图书馆可以采取多种途径。如直接与版权所有者进行沟通，了解并解决相关的版权问题。此外，图书馆还可以通过第三方版权清理机构来获取所需的数字资源。这些机构通常会与版权所有者合作，帮助用户获取合法、无争议的数字资源。

除了在采集过程中注意版权问题外，图书馆还需要在数字资源的后续使用中保持高度的警惕。如确保所采集的数字资源仅用于非商业目的，并严格遵守相关的版权法规。此外，图书馆还需要定期对数字资源进行检查和清理，以确保所拥有的数字资源都是合法、无争议的。

在处理数字资源的版权问题时，图书馆还需要考虑如何平衡版权保护与知识传播之间的关系。尽管保护版权是图书馆的责任，但也需要在合理范围内促进知识的传播和利用。例如，图书馆可以通过开展版权教育活动、提供版权咨询服务等方式，帮助读者了解并遵守版权法规，从而更好地利用数字资源。

### 2. 许可协议明确

确保双方权益不受侵害的关键是与资源提供商签订明确、详尽的许可协议。在许可协议中，除了明确规定资源的价格、交付方式等商务条款外，更重要的是明确双方的权利和义务。这包括但不限于以下几个方面：

（1）使用范围

是否可以在图书馆内的所有设备上使用，或者仅限于特定的平台或设备。

（2）使用期限

是否需要支付额外费用以续约或长期使用。

（3）转载和分享权限

是否可以将资源分享给其他机构，或在特定情况下允许用户下载和保存。

此外，一个完善的许可协议可以为图书馆提供法律上的保护，确保在出现争议时有明确的合同条款作为支持。在签订许可协议时，图书馆应该认真审查协议条款，确保自己的权益得到充分保障。同时，为了确保协议的顺利执行，双方应该加强沟通，建立良好的合作关系，共同维护协议的严肃性和有效性。

### 3. 内部版权管理

图书馆作为数字资源的集中地，除了在对外与资源提供商明确权益，保障资源的合法获取和使用外，还应当在内部建立一套完善的版权管理机制，以确保资源的合法使用和管理。

第一，图书馆应定期对工作人员进行版权知识的培训，确保每位工作人员都了解基本的版权知识，知道如何合法使用和管理数字资源。对于版权知识的培训，可以包括版权法律法规的解读，数字资源许可协议的解析，以及如何处理可能的侵权行为等。此外，工作人员还应了解并遵守相关的行业规范和标准，如国际版权法、信息网络传播权保护条例等。

第二，图书馆应制定明确的内部管理政策，明确工作人员在版权方面的职责。例如，当工作人员发现可能的侵权行为时，应及时向有关部门报告并协助处理。此外，图书馆还应制定一套应对版权问题的流程和规范，包括如何处理版权纠纷、如何评估和解决版权问题等。

第三，图书馆应积极采用数字技术来跟踪和管理数字资源的使用情况。这包括使用数字版权管理技术（DRM），如数字水印、版权保护信息等，以防止数字资源的非法复制和使用。同时，图书馆还应定期审查和更新数字资源的许可协议，确保没有超出许可协议允许的范围。

第四，为了确保图书馆的版权管理机制的有效性，图书馆还应定期对自身的版权管理机制进行审查和评估。可以邀请外部专家进行审查，也可以由内部工作人员进行自查。审查的内容可以包括版权政策的执行情况、数字资源的使用情况等。此外，图书馆还应积极关注行业动态和相关法规的变化，及时调整和完善自身的版权管理机制。

## 二、数字资源的管理

### （一）数字资源的存储与备份

在数字化图书馆中，资源存储的重要性不言而喻。为了保证数字资源的安全、稳定以及长期的可访问性，以下的措施是图书馆必须考虑和实施的。

**1. 选择先进、稳定的存储技术和设备**

在当今数字化的世界中，数字资源的存储安全至关重要。而要实现这一目标，先进且稳定的存储技术成为关键所在。在众多存储技术中（冗余磁盘阵列）技术（RAID）以其数据冗余和读取速度的优势，成为实现数字资源安全存储的重要手段。

RAID 技术通过将多个硬盘组合成一个硬盘阵列，不仅提供了数据冗余，确保在某个硬盘出现故障时，数据不会丢失，同时还能提高数据的读取速度。这种技术利用了硬盘之间的并行工作能力，将数据分散存储在多个硬盘上，从而提高了数据的读写速度。

然而，仅仅依靠 RAID 技术并不能完全满足数字资源存储的需求。在硬盘的选择上，使用固态硬盘（Solid State Drive，SSD）而非传统的机械硬盘。原因有二，其一，SSD 的读写速度远高于传统的机械硬盘。这主要是因为 SSD 采用了闪存（Flash Memory）作为存储介质，而闪存的读写速度要比机械硬盘的磁头读写速度快很多。其二，SSD 的稳定性也更高，这是因为其没有机械运动的部分，因此更不容易受到振动、温度变化等因素的影响。

为了更好地保障数字资源的安全存储，使用先进且稳定的存储技术是必不可少的。RAID 技术和 SSD 的结合使用，不仅可以提高数据的读写速度，还能增加数据的稳定性和安全性。这种结合使用的方式在很多领域，如服务器、数据中心、云计算等都有广泛的应用。

在未来的发展中，随着技术的不断进步和应用需求的不断增长，数字资源的存储安全将会面临更多的挑战。因此，图书馆相关工作人员需要不断探索和研究新的存储技术，以更好地保障数字资源的安全存储。

**2. 定期的数据备份**

在当今的数字化时代，数据存储的重要性日益凸显。然而，仅仅依赖先进的存储技术是不够的。以图书馆为例，为了确保数据的持久性和安全性，他们不仅需要采用高效的存储设备，还需要制定完善的数据备份计划。

在面对日益增长的数据量和技术进步的双重压力，图书馆必须采取一种全面的数据管理策略。这种策略应包括定期的数据备份和存档，以及适当的数据保护措施。这样，即使面临意外情况，图书馆也能迅速恢复数据，并确保资源的持续可用性。

为了防止意外情况导致的数据丢失，图书馆应制定定期的数据备份计划。这意味着每隔一段时间，图书馆都需要将所有的数字资源复制到另一个存储设备或云端存储中。这种备份应该是全面的，涵盖所有的数字资源，并确保备份数据与原数据同样安全。

在实施备份计划时，图书馆需要考虑到各种可能的风险因素。例如，备份数据的存储位置应与原始数据保持一定的距离，以防止意外情况导致的数据损失。此外，备份数据应进行适当的加密处理，以确保数据的安全性。

为了更好地保护数据，图书馆还应考虑采用多种备份方式。例如，除了定期备份外，图书馆还可以采用实时备份或增量备份等方式。这样，即使在发生意外情况时，图书馆也能迅速恢复数据，并最大限度地减少损失。

**3. 灾难恢复计划**

尽管图书馆可能已经采取了种种措施来确保数字资源的安全，但仍然需要为最坏的情况做准备。一个完善的灾难恢复计划能够确保在发生硬件大面积故障、自然灾害或其他不可预见的事件时图书馆仍然可以迅速地恢复数字资源并继续提供服务。

灾难恢复计划是一个复杂而关键的环节，它不仅涉及图书馆的日常运营，更关乎在紧急情况下的资源保障和服务的持续性。一个完善的灾难恢复计划应包括以下几个方面。

紧急响应流程：明确在发生灾难时应如何立即响应，尽量减少损失。这包括建立24小时值班制度，以便在发生故障时能够立即做出反应。同时，制定一套有效的信息传递机制，确保相关人员能够在第一时间了解情况，为后续的决策提供依据。

数据恢复步骤：详细阐述如何从备份中恢复数据，并重新上线服务。这包括定期进行数据备份，并将备份数据存储在安全的地方，以防止数据丢失。同时，建立一套完善的数据恢复机制，以便在发生故障时能够迅速恢复数据并重新上线服务。

硬件与设施准备：预先准备备用设备和设施，确保在主设备无法使用时有替代方案可以继续运作。这包括准备备用服务器、网络设备、存储设备等，以确保在发生故障时能够迅速切换到备用设备而保证服务的持续性。

除此之外，为了保证数字资源的长期可读性，图书馆还需要定期检查和迁移数据。因为随着技术的进步，旧的存储格式和设备可能会被淘汰，这就需要图书馆将数据迁移到新的格式或设备上，确保数据始终可以被读取和使用。这就像是为数字资源进行"体检"，及时发现并解决可能存在的问题，以确保它们的长期可用性。同时，这也能够提高图书馆的工作效率，使读者能够更加方便地获取所需的资源。

为了保证灾难恢复计划的顺利实施，图书馆还需要进行定期的演练和测试。这可以帮助相关人员熟悉灾难恢复的流程和步骤，提高他们的应对能力。同时，通过测试可以发现并解决可能存在的问题，不断完善灾难恢复计划，使其更加完善、有效。

**4. 总结**

在当今时代，数字资源的安全、稳定和长期保存显得尤为重要。数字化图书馆作为信息存储和传播的重要机构，不仅要采用最先进的技术和设备来确保数字资源的安全，还需要制定并执行定期备份和灾难恢复计划，以确保在任何情况下都能为读者提供不间断的服务。只有这样，才能够确保图书馆在面对各种挑战时始终能够为读者提供优质的资源和服务。

数字化图书馆在技术设备方面需要采用最先进的技术和设备。这包括高性能的服务器、大容量的存储设备、高效的网络安全系统和可靠的备份设备等。这些技术和设备可以有效地保障数字资源的安全性和稳定性，防止黑客攻击、数据泄露、设备故障等潜在风险。

然而，即使有了最先进的技术和设备，如果没有合理的备份和灾难恢复计划，那么在突发情况下，数字资源也难以得到长期的保存和保护。因此，制定并执行定期备份和灾难恢复计划显得尤为重要。

定期备份是保障数字资源安全的重要措施。通过定期备份，即使发生意外情况，数字化图书馆也可以迅速恢复数据，减少损失。同时，备份数据的存储和管理也需要高度重视。存储设备需要具备高性能、大容量和长寿命等特点，以确保备份数据能够长期保存。管理方面则需要建立完善的管理制度和流程，确保备份数据的可用性和可靠性。

灾难恢复计划是保障数字资源不间断服务的最后一道防线。在遭遇突发事件时，数字化图书馆需要迅速启动灾难恢复计划，尽快恢复数字资源的可用性和完整性。灾难恢复计划需要针对不同的突发事件制定不同的应对策略，并定期进行演练和更新。同时，数字化图书馆还需要与相关机构合作，建立完善的应急响应机制，共同应对突发事件。

## （二）数字资源的组织与揭示

为了最大化数字资源的利用价值，数字化图书馆需要为用户提供一套直观、高效的资源组织和揭示策略，这样不仅可以提高资源的查找效率，还能增加资源的利用率和用户的满意度，具体如下：

### 1. 统一的元数据标准

元数据，作为数字资源的描述性信息，为图书馆相关工作人员提供了这些资源的内容、来源和其他属性的详细描述。它是图书馆资源管理的关键因素，能够帮助用户更好地理解和发现所需资源。如果没有元数据，用户可能会感到在数字化图书馆中迷失，无法准确找到他们所需要的资源。元数据在图书馆内部管理上也扮演着重要的角色。采用通用的元数据标准，如机读目录格式（MARC）和都柏林核心元数据（DC），可以确保图书馆中的资源描述具有一致性。这种一致性使得内部管理更加高效，无论是在资源的分类、排架，还是在资源的检索、借阅等环节，都能大大提高工作效率。

此外，通用元数据标准还能增加不同图书馆或系统间的互操作性。例如，当用户从其他系统转移到数字化图书馆时，他们可以快速理解资源的描述，而无需重新学习新的元数据格式。这种一致性使得不同图书馆和系统之间的资源共享和交互变得更加容易，从而推动了信息资源的流通和利用。

同时，元数据的一致性也能提高图书馆的自我学习能力。通过分析元数据，图书馆可以了解用户的需求和兴趣，从而更加精准地推荐资源和服务。这种个性化服务不仅能提高用户满意度，还能推动图书馆的持续发展。

### 2. 资源分类与标引

分类和标引是数字图书馆中非常重要的环节，它们为数字资源添加了"标签"，使得用户能够更快速地定位到他们所需的资源。这些标签可以是学科分类、主题分类或者其他任何有助于用户定位资源的标记。

第一，按照学科分类是数字图书馆中非常常见的一种分类方式。例如，历史、文学、科学等，这些学科分类可以帮助用户快速定位到他们所需的资源。在学科分类中，每个学科都有其独有的特征和属性，这些特征和属性可以帮助用户更好地了解该学科领域的资源。例如,在历史学科中,时间线和重要历史事件是常见的特征;在文学学科中,不同文体和作者介绍是常见的属性。

第二,主题分类也是数字图书馆中重要的分类方式之一。主题分类不同于学科分类,它可以跨学科为用户提供相关资源。例如,战争、和平、爱情等主题可以适用于不同的学科领域。这种分类方式可以帮助用户更广泛地查找资源,尤其是那些涉及多个学科领域的资源。

标引是为数字资源添加标签的过程,这些标签可以帮助用户更快速地定位到他们所需的资源。例如,对于一本关于明朝历史的书可以添加"明朝""历史"等标引,当用户在搜索这些关键词时,他们就能够很容易地找到这本书。标引的目的是将数字资源的特征和属性进行归纳和整理,以便用户能够更方便地查找和使用资源。

通过学科分类和主题分类等方式为数字资源添加标签,可以帮助用户更快速地定位到他们所需的资源;而通过标引则为数字资源添加了更多的特征和属性,从而使用户能够更方便地查找和使用资源。这些环节不仅有助于提高数字图书馆的利用率和使用效果,还有助于推动数字图书馆向更高层次,综合性更强的方向发展。

### 3.检索系统

在数字化图书馆中,一个强大而高效的检索系统无疑是其核心所在。这一系统不仅需要具备多样化的检索方式,以满足用户不同的需求,同时还需要提供优质的用户体验,让用户在使用过程中感受到便捷与高效。

基于统一的元数据和分类标引,检索系统为用户提供了多种检索方式。其中,关键词检索是最常用的一种方式。用户只需输入关键词,系统便能迅速返回与之相关的所有资源。这种检索方式对于用户来说非常直观和便捷,能够帮助他们快速地找到所需的信息。

除了关键词检索,作者检索也是数字化图书馆中常用的一种方式。用户可以通过作者名字查找其所有的作品。这种检索方式对于研究特定作者或了解特定领域的信息非常有帮助。

此外,出版日期检索也是检索系统中的一项重要功能。用户可以选择特

定的时间段，查找该时间段内的所有资源。这对于研究某个特定时期或事件的信息非常有用。

为了提高用户体验，检索系统还应支持自动完成、拼写检查、相关推荐等功能。当用户输入关键词时，系统自动显示与该关键词相关的其他关键词或短语，帮助用户细化或扩展他们的搜索。这些功能能够有效地缩短用户的搜索时间，提高搜索效率。

总之，在数字化图书馆中，科学的资源组织和揭示策略是连接用户与资源的桥梁。通过采用统一的元数据标准，对资源进行系统的分类和标引，以及建立高效、用户友好的检索系统，数字化图书馆可以为用户提供一流的资源查找体验。这种体验不仅能够帮助用户快速找到所需的信息，还能够提高资源的利用率和用户的满意度。

### （三）数字资源的整合与共享

随着数字化技术的飞速发展，图书馆和机构间的数字资源整合与共享变得日益重要，它不仅可以增强资源的利用率，还能够大大提高用户查找和使用资源的便利性，比如跨库检索、资源互操作、馆际合作。

**1. 跨库检索**

在数字化时代，海量的信息分散在各个角落，为了方便人们更快捷地获取所需的信息，许多图书馆和机构都拥有自己的数字资源库。然而，用户在查找资源时可能需要检索多个库才能找到所需资源，这无疑增加了使用的复杂度。这就好比在一个巨大的图书馆里，读者需要花费大量的时间和精力去寻找自己需要的书籍，这显然是不合理的。因此，需要通过技术手段整合这些数字资源库，实现跨库检索，让用户能实现在一个平台上轻松搜索到不同库的资源。这种整合可以通过建立统一的检索接口、元数据收割等方式来实现，以大大简化用户的使用流程，并提高资源的可见性和利用率。

跨库检索系统是一种集成了多个数字资源库的统一搜索平台。用户只需在平台上输入关键词或进行其他简单操作，就可以同时搜索到多个库的资源。这种系统不仅简化了检索过程，还大幅缩短了检索时间。此外，跨库检索系统还可以根据用户的搜索历史和偏好,为用户推荐相关的资源,提供更加个性化的服务。

实现跨库检索的关键技术之一是建立统一的检索接口。这种接口可以接收用户的搜索请求,并将其转化为多个库的搜索指令。然后,系统会收集各个库的搜索结果,进行去重、排序等处理后返回给用户。此外,元数据收割也是实现跨库检索的重要手段之一。通过对各个库的元数据进行收割和整合,可以建立一个统一的元数据索引,以方便用户进行搜索。

跨库检索系统的应用范围非常广泛。例如,在学术领域,学生和教师可以利用跨库检索系统查找论文、书籍、实验数据等资源;在医疗领域,医生可以利用跨库检索系统查找病例、治疗方案、药物信息等资源;在政府机构,工作人员可以利用跨库检索系统查找政策文件、统计数据等资源。

**2. 资源互操作**

数字化世界,信息的流动性至关重要。为了确保不同来源的数字资源能够被顺畅地相互操作,采用通用的互操作协议是关键。开放档案倡议协议元数据收割(OAI-PMH)就是一个常用的互操作协议,它为不同数字资源之间的通信和数据交换提供了一个标准的框架。

OAI-PMH是一种通用的互操作协议,它通过制定统一的规则和标准,使得不同的数字资源可以相互通信、交换数据。这种互操作性确保了资源的流动性和互用性,使得来自不同来源的数字资源能够无缝地集成在一起。这种集成不仅便利了图书馆和机构间的合作,也使得用户可以更加方便地获取和使用各种数字资源。

OAI-PMH的应用范围非常广泛,它可以应用于图书馆、博物馆、档案馆等机构之间的合作。在这些机构中,数字资源的数量和种类都非常丰富,通过OAI-PMH的互操作性,这些资源可以更加便捷地进行共享和交流。同时,OAI-PMH也可以应用于学术领域,例如学术期刊、论文等资源的共享和交流。

OAI-PMH的优点在于它的标准化和可扩展性。通过制定统一的规则和标准,OAI-PMH使得不同的数字资源可以相互操作,并且可以随着技术的不断

进步而不断扩展和优化。这种标准化也使得数字资源的共享和交流更加便捷，可以节省大量的时间和人力成本。

### 3. 馆际合作

在数字化时代的大背景下，图书馆与其他机构不再是孤立的实体，而是逐渐融入一个相互联系、相互依赖的知识网络中。为了更好地满足用户日益增长的多元化需求，馆际间的合作变得愈发重要。这种合作不仅有助于提高数字资源的利用效率，降低运营成本，还可以大大增加数字资源的数量和种类，为用户提供更为全面、优质的服务。

在馆际合作的实践中，图书馆可以采取多种形式。例如，多个图书馆可以共同开发某一数字资源，通过协同创新，完善资源的结构和质量。此外，图书馆还可以与其他机构如博物馆、档案馆等交换和共享资源，以实现资源的最大化利用。这种跨机构的合作可以为用户提供更为丰富、多样的知识服务，满足他们的多元化需求。

通过合作，图书馆相关工作人员可以实现数字资源的集成与共享，提高资源的利用效率。如前所说，这不仅可以降低成本，还可以为用户提供更为全面、优质的服务。例如，图书馆相关工作人员可以利用联合采购的方式，共同采购高质量的数字资源，避免资源的重复建设，降低采购成本。另外，还可以通过联合目录建设，实现资源的统一揭示和检索，提高资源的利用效率。

除了资源的集成和共享，馆际合作还可以推动新技术的研发和应用。例如，可以共同研发新的数字化技术，以提高数字资源的可用性和可访问性。此外，还可以探索新的服务模式和手段，如移动图书馆、虚拟现实应用等，为用户提供更为便捷、高效的知识服务。

### （四）数字资源的服务与应用

在数字化时代，数字资源的服务与应用成为衡量图书馆和其他机构价值的关键指标。为了满足用户的多样化需求，数字资源的服务与应用需要不断地创新和完善，如个性化推荐、学科导航、教学与科研支持等。

### 1. 个性化推荐

个性化推荐是数字资源服务领域中的一颗璀璨明珠。在浩如烟海的数字资源中,它像一盏明灯,引领着用户找到他们感兴趣或者需要的资源。通过深入分析用户的浏览历史、下载记录、搜索关键词等数据,可以获取到用户的兴趣点和需求所在。这些数据就像是用户兴趣和需求的"心电图",通过解读这些数据,可以了解用户在寻找资源时的习惯和偏好。

数字图书馆作为信息技术的集大成者,它可以通过对用户数据的分析,为用户提供定制化的资源推荐。这种推荐方式就像是为用户定制了一份"资源菜单",确保用户能够在第一时间发现与他们研究或兴趣相关的资源。试想一下,当读者在做研究时,如果能够第一时间获得与自己的研究方向相关的最新资源,无疑会感到极大的便利。

### 2. 学科导航

学科导航是学术界的指路明灯,它以独特的方式帮助学者和研究人员快速找到他们所在领域的资源。在这个信息爆炸的时代,学科导航以其强大的整合能力,成为学术搜索的得力助手。

数字化图书馆作为学科导航的重要载体,为每个学科或领域构建了专门的资源导航。这就像是一条强大的信息高速公路,它将每个学科的期刊、论文、报告、数据集等资源整合在一起,形成了一个有序的资源库。用户通过学科导航,可以轻松地获取一站式的学术资源服务,而不会在信息的海洋中迷失方向。

然而,学科导航的作用不仅仅在此。它不仅提供了丰富的学术资源,还为用户展示了该领域的学术动态、会议信息、研究热点等重要信息。这就像是一个学术的实时地图,帮助学者和研究人员跟踪学术前沿,把握研究趋势,推动科研的进步。

总之,学科导航的重要性不仅在于其方便快捷的资源获取方式,更在于其提供了一个全面的学术视角。它让学者们能够站在一个更高的山顶,俯瞰整个学术领域的发展动态和研究热点。这为学者们提供了宝贵的信息和启示,帮助他们选择合适的研究方向,提高研究效率。

### 3. 教学与科研支持

数字资源在教学与科研中的应用已经变得日益广泛，这主要得益于技术的快速发展和数字图书馆的兴起。对于教师而言，数字资源已经成为他们教学工作中不可或缺的一部分。通过使用数字资源，教师可以更加便捷地进行课程设计，制作精美的课件以及开展在线教学。这不仅提高了教学效果，还让教学过程更加高效，减少了重复性劳动。

对于学者来说，数字资源更是打开了一扇通向学术研究的大门。利用数字资源，他们可以进行全面的文献综述、深入的数据分析和高效的科研协作。这些先进的技术和工具让学术研究变得更加便捷、精准和开放。而且数字资源的普及和应用也推动了学术研究的不断创新和发展。

为了更好地支持教学与科研工作，许多数字化图书馆还提供了专门的工具和服务。例如，文献管理软件可以帮助学者们更加方便地整理、分析和引用文献；科研数据管理工具可以帮助他们更加有效地管理和使用研究数据；学术影响力分析则可以帮助学者了解自己的研究成果在学术界的影响力，从而更好地规划未来的研究方向。

总之，数字图书馆的个性化推荐服务是非常有用的，这种服务可以根据用户的需求和兴趣，为他们推荐最合适的文献和资源。学科导航功能可以帮助用户快速找到自己需要的资源，无论是课程资料还是学术论文，这些个性化的服务和导航功能都极大地提高了用户的使用体验，让他们更加高效地获取自己需要的资源。

## 第二节　开放获取与数字化存储

在数字化图书馆中，开放获取（Open Access）与数字化存储扮演着至关重要的角色。开放获取推动了学术资源的共享和普及，打破了传统学术出版的壁垒，提高了学术成果的可见度和影响力。数字化存储则实现了大量数字资源的高效管理和长期保存，确保了数据的安全性和可持久性。这两个方面的迅猛发展，不仅提升了数字化图书馆的资源品质和服务水平，也积极响应了信息时代用户的需求，进一步巩固了数字化图书馆在现代社会中的地位。

## 一、开放获取：理念与实践

### （一）开放获取的理念

开放获取不仅仅是一种行动，更是一种深层次的理念。它对于学术信息的传播、知识的共享以及学术社区的合作等具有深远的影响。

**1. 学术信息的公开与透明**

在传统学术出版模式下，学术成果的访问和使用受到了极大的限制。许多重要的研究成果被隐藏在付费的墙后，使得普通公众和学者难以触及。这种状况无疑限制了学术信息的流通和知识的传播，不利于学术研究的进步和发展。

开放获取的理念则主张学术信息应该是公开的、透明的，确保所有人都有权访问和使用这些成果。这种公开性不仅有助于知识的广泛传播，还增强了学术研究的可信度。通过开放获取，学术研究成果能够被更多的人访问和使用，从而提高学术研究的可见性和影响力。

开放获取的重要性在于其能够推动知识的民主化。在传统的学术出版模式下，只有支付昂贵的订阅费用，才能获取学术研究成果。然而，在开放获取模式下，所有人都能够平等地获取和使用学术研究成果，不受地域、经济等因素的限制。

此外，开放获取还有助于提高学术研究的效率和质量。当学术研究成果被更多的人访问和使用时，研究者们可以更快地获得反馈和交流，从而更好地完善和改进自己的研究。同时，开放获取也为研究者们提供了更多的合作机会，促进了跨学科、跨领域的交流与合作。

为了实现开放获取的目标，图书馆相关工作人员需要采取一系列措施。第一，需要加强开放获取政策的制定和实施，鼓励更多的期刊和出版社采取开放获取模式。第二，需要提高公众和学者对开放获取的认识和意识，使其

认识到开放获取的重要性和价值。第三，还需要加强开放获取的质量控制和管理，确保学术研究成果的质量和可靠性。

### 2. 知识的共享与再利用

在开放获取的框架下，学术成果不再被视为私有财产，而是被广泛视为人类的共同知识财富。这种共享的精神鼓励学者们以开放的态度，在已有的研究基础上进行再创造，促进了知识的创新和跨学科的研究合作。通过开放获取，学术研究成果能够被更广泛地传播和利用，从而有助于减少学术研究的重复性，提高研究的效率。

开放获取的核心理念是促进知识的共享和利用。通过这种方式，不同学科的学者们可以相互交流、合作，共同开展跨学科的研究，进一步拓展学术研究的领域和深度。

开放获取的另一个重要优势是能够减少学术研究的重复性。在传统的学术出版模式下，学术成果往往被限制在特定的范围内，导致许多学者在开展研究时需要重复前人的工作。而开放获取的框架下，所有的学术成果都可以被免费获取和利用，从而避免了研究的重复性。这不仅提高了研究的效率，也使得学者们能够将更多的时间和精力投入深度研究和创新中。

此外，开放获取还有助于提高学术研究的透明度和公正性。在开放获取的框架下，所有的学术成果都是公开透明的，这使得学者们的研究成果能够得到更广泛的认可和评价。同时，这也鼓励学者们在研究中更加严谨、公正地对待数据和结论，从而提高了学术研究的整体质量。

### 3. 打破学术出版的传统模式

在传统的学术出版模式中，商业利益与学术研究的关系可谓千丝万缕。期刊订阅费用之高，让许多学术研究者望而却步，甚至成为学术研究的重大障碍。这些高昂的费用往往让研究者无法充分获取和利用所需的学术资源，从而限制了学术研究的广度和深度。

开放获取的出现，打破了这一僵局，提供了一种全新的出版模式。开放获取的核心原则是所有的学术资源都应被公开和共享，让更多的人能够无障碍地获取和使用。这种模式下，许多期刊和平台采取了由作者付费出版、读者免费获取的模式。这不仅大大降低了学术研究的成本，还消除了访问和使用学术资源的经济障碍。

开放获取的优势不仅仅体现在经济层面。由于所有的研究都公开发布在网上，使得学术交流更加便捷，提高了研究的可见性和可访问性。这无疑加强了不同领域、不同学科之间的交流与合作，推动了学术研究的创新和发展。

此外，开放获取也促进了知识的传播和利用。在传统的出版模式下，许多优秀的科研成果因为高昂的订阅费用而无法被大众所了解和利用。而开放获取则使得这些成果能够被更多人看到，提高了科研成果的转化率和利用率。

当然，开放获取也面临着一些挑战和问题。例如，作者付费出版可能会导致一些期刊或平台的质量下降；同时，由于缺乏有效的同行评审机制，也可能会出现学术不端行为等问题。但是，随着开放获取的不断发展，这些问题可以逐步得到解决。

总的来说，开放获取提供了一种新的出版模式，打破了传统出版模式的局限性和障碍。它不仅降低了学术研究的成本，还提高了学术交流和知识传播与利用的效率。尽管仍存在一些问题和挑战，但随着社会的不断进步和技术的不断发展，有理由相信开放获取将会成为未来学术出版的重要趋势。

**4. 推动科学的进步与社会的发展**

在知识经济时代，开放获取的理念正逐渐成为一种主流思想。这种理念强调知识的自由流动和共享，鼓励学术研究的合作与创新，为学术研究的深度和广度提供了强大的推动力。当学术成果被广泛地共享和使用时，科学研究的进程会大大加速，更多的学者能够在前人的基础上进行深入研究，更多的公众能够了解和关心科学研究的前沿。这种开放的精神不仅推动了科学的进步，也为社会的整体发展提供了动力。

开放获取的理念并非凭空产生，而是基于对知识经济时代的深刻认识和对未来发展的预见。在传统的学术出版模式下，研究成果往往被锁定在昂贵的学术期刊或受限制的数据库中，使得许多学者无法获取和利用这些宝贵的知识资源，这无疑阻碍了学术研究的进展，也限制了公众对科学知识的了解和参与。

然而，随着互联网技术的发展和普及，开放获取的理念逐渐成为可能。通过互联网平台，学术成果可以轻松地被全球范围内的学者和公众访问和使用，这不仅打破了知识传播的地理限制，还极大地扩大了学术研究的合作范围，使越来越多的学者能够参与到跨学科、跨领域的研究项目中，共同推动科学的进步。

开放获取的理念对于学术生态系统的影响是深远的。它促进了学术研究的创新和合作，推动了学术成果的广泛传播和应用。在这种模式下，学者们不再是孤立的研究者，而是形成一个紧密联系的社区，共同推动知识的创新和发展。这种社区的形成也使得学术研究的成果更加透明和公平，有利于提高学术研究的整体质量。

此外，开放获取的理念也符合公众对科学知识的需求。在信息爆炸的时代，公众对科学知识的渴望越来越强烈。通过开放获取，公众能够更加方便地获取和利用科学研究成果，提高自身的科学素养和文化素质。这无疑有利于增强公众对科学研究的信任和支持，为科学研究的发展提供更加稳定的社会基础。

当然，开放获取的理念并不是一蹴而就的，它需要学术界、出版界、政府部门以及公众共同努力、共同推动。为此，图书馆需要完善相关的法律法规和政策措施，保障学术成果的权益和知识产权；学者们需要转变传统的学术出版观念，积极参与到开放获取的实践中来；出版界需要适应新的发展形势，提供更加优质、开放的学术出版服务；政府部门需要提供必要的支持和引导，为开放获取的发展创造良好的环境。

### （二）开放获取的实践

在数字化图书馆的背景下，开放获取实践已经成为学术出版和交流的重要趋势。

在线出版模式：利用互联网作为其主要发布平台，使得学术论文能够迅速在全球传播，这种模式大幅缩短了传统出版流程中的时间延迟，确保了研究成果能够及时地被公众知晓。

传统出版方式中，学术论文需要通过印刷、发行等环节才能被公众所知。然而，这些环节不仅耗费时间，而且成本高昂。相比之下，开放获取期刊的在线出版模式能够直接将学术论文发布在互联网上，无需经过这些繁琐的环节。这不仅使得学术论文能够迅速地被全球范围内的读者所获取，还降低了出版成本，使得更多的读者能够负担得起阅读费用。

版权与许可：在传统的学术期刊中，作者往往需要将作品的版权转让给期刊社，这使得作者在作品被他人使用或传播时缺乏话语权。然而，与传统的学术期刊不同，开放获取期刊往往允许作者保留其版权。通过采用创作共用（Creative Commons）等许可协议，作者可以明确规定他人如何对其作品进行使用和传播，这既保证了作者的权益，也鼓励了知识的共享。例如，有些作者可能会允许他人对其作品进行复制、翻译、演绎等操作，但禁止商业用途。这样的规定，不仅能够保证作者的权益，也能够促进知识的传播和重用。

质量与同行评审：尽管开放获取期刊的出版模式与传统期刊有所不同，但它们同样重视学术质量。多数开放获取期刊都采用了严格的同行评审流程，确保所发表的研究成果都经过了严格的学术审查。这些流程通常包括专家评审、作者修订、再次评审等环节，以确保所发表的学术论文都经过了严格的学术审查。此外，一些开放获取期刊还会要求作者在提交论文之前进行自我审查或使用专业的学术编辑服务进行审查，以确保论文的质量符合期刊的标准。这些措施都能够保证开放获取期刊所发表的学术论文的质量。

（三）开放获取仓储

数字仓储的建设：开放获取仓储是数字化图书馆的重要组成部分，这些仓储如arXiv、DOAJ等，不仅存储了大量的学术论文、数据集和研究成果，更为全球的研究者提供了一个统一的、易于访问的平台。这些仓储在学术交流和知识传播中扮演着重要的角色，为推动学术界的进步和繁荣作出了积极的贡献。

全球合作与互操作性：为了确保全球范围内的研究者都能自由访问这些资源，开放获取仓储采用了通用的元数据标准和互操作协议，使得资源在不同

的平台之间能够流畅地流动。这种互操作性的实现，不仅方便了研究者进行跨平台的学术交流和合作，也进一步推动了学术资源的共享和利用。

长期保存与数据安全：对于学术研究成果来说，长期的保存和数据安全至关重要。开放获取仓储通常采用先进的数字保存技术，确保学术信息的长期保存和稳定访问。这种保存措施可以有效地避免因时间流逝或技术更新而导致的珍贵学术资源的丢失或损坏，从而为后人留下了宝贵的知识财富。

通过这些实践，开放获取不仅大大提高了学术资源的可访问性和可利用性，还极大地促进了全球范围内的学术交流与合作；它削弱了学术交流的边界，使得更多的学者、研究者和公众能够参与到知识的创造与传播中来，为学术界的繁荣与进步注入了新的活力。

此外，开放获取仓储的建设还具有深远的社会影响。它为公众提供了一个了解学术研究、接触前沿科技知识的渠道，进一步推动了科学知识的普及和传播。同时，开放获取仓储也为研究者提供了一个展示自己研究成果的平台——鼓励他们进行更高层次的研究和创新。

## 二、数字化存储：技术与策略

### （一）数字化存储的技术

随着数字资源爆炸式的增长，数字化存储成为确保这些资源长期保存和安全管理的关键。为了实现这一目标，以下先进的技术发挥着不可替代的作用。

**1. 云计算在数字化存储中的应用**

云计算的核心优势之一便是其可扩展性，因而利用云计算可使得图书馆或其他数字资源机构能够根据实际需求随时增加或减少存储空间，避免了因存储空间不足或过剩而造成的困扰和成本浪费。这种可扩展性不仅非常方便，还可以帮助机构更好地管理其存储需求，从而更加高效地利用资源。

除了可扩展性之外，云计算还提供了高可用性的存储空间，确保了数字资源在任何时候都能够被访问和使用。这种高可用性不仅依赖于冗余存储技术，还得益于云计算服务商在全球范围内的数据中心布局。这种布局可以确保数字资源在任何地方都能够被访问和使用,从而提高了工作效率。

此外,云计算还支持资源共享与协同,多个机构可以共同使用和管理同一份数字资源,从而大大简化了资源共享的流程,提高了协同工作的效率。这种资源共享与协同不仅可以提高工作效率,还可以帮助机构更好地保护其数字资源,避免因丢失或损坏而造成损失。

**2. 大数据存储解决方案的应用**

随着数字资源的不断累积,传统的存储方法往往难以满足海量数据的存储和管理需求。在信息爆炸的时代,大数据存储解决方案应运而生,为海量数据提供了高效、可靠、灵活的存储和管理方案。

第一,大数据存储解决方案具有高效性。在数字化时代,数据的增长速度极快,如何快速地存储和处理这些数据成为一个重要的问题。大数据存储解决方案通过采用先进的分布式存储技术和优化数据存储结构,能够实现对海量数据的高效存储和处理,确保数据的快速访问和使用。这不仅可以提高数据的使用效率,还可以满足实时数据处理和大规模数据分析的需求。

第二,大数据存储解决方案具有可靠性。对于珍贵的数字资源,数据的可靠性至关重要。一旦数据丢失或损坏,可能会造成无法挽回的损失。大数据存储解决方案通常采用多副本、纠删码等技术,确保数据即使在硬件故障的情况下也不会丢失。同时,这些方案还提供了强大的数据备份和恢复功能,以应对各种意外情况的发生。

第三,大数据存储解决方案具有灵活性。随着业务需求的变化和数据规模的增长,机构需要一个能够灵活扩展和缩减的存储方案。大数据存储解决方案不仅提供了大规模的存储能力,还能够根据实际需求进行灵活的扩展或缩减,满足机构不同的数字资源管理需求。无论是需要增加存储容量,还是需要提高数据处理能力,都可以通过简单的配置和调整来实现。

除了技术层面的解决方案,为了确保数字资源的长期、稳定保存,还需要结合合理的管理策略、标准的操作流程以及定期的数据安全检查与备份。只有构建一个完善、多维度的数字资源保存体系,才能真正确保数字资源的有效管理和长期保存。例如,可以制定严格的数据备份和恢复策略,规定定

期进行数据安全检查和备份，并对数据进行分类和标记，以便更好地管理和使用。

### （二）数字化存储的策略

在数字化图书馆中，一个合适的存储策略是确保数字资源长期、安全保存的关键，它涉及技术选择、经济考虑和用户需求等多个方面。

**1. 基于资源特性的存储策略**

数字化时代，信息以各种形式存在，从文本到图像，从音频到视频，这些数字资源，无论是哪种类型，都具有其独特的特性，而这些特性直接决定了它们的存储需求。

对于经常需要访问的资源，例如热门的学术论文或流行的电子书，可以发现它们有一个共同点：需要快速存取。因此，为了满足这种需求，应该选择存储在高速的存储设备上。其中，固态硬盘是理想的选择。由于与传统的机械硬盘相比，固态硬盘具有更快的读写速度和更高的耐用性，这就能够确保在需要时可以迅速访问这些资源，无论是进行阅读、下载还是分享。

然而，对于那些访问频率较低但仍需长期保存的资源，可以采取另一种存储策略。在这种情况下，性价比更高的存储解决方案可能更为合适。例如，大容量硬盘或磁带库。这些存储介质通常具有较大的存储空间和较低的成本。虽然它们的读写速度可能不如固态硬盘快，但对于那些不经常访问但需要长期保存的数据来说，它们是一个很好的选择。

此外，可以根据资源的性质来决定其存储方式。例如，对于那些需要频繁修改或更新的资源，如数据库或日志文件，可能需要使用更灵活的存储解决方案，如云存储或分布式文件系统。这些系统可以提供更高的可用性和可扩展性，以满足不断变化的数据需求。

**2. 基于用户需求考虑的存储策略**

在信息化社会，数据存储策略的选择尤为重要。而其中，用户的需求无疑是选择存储策略的关键因素。对于需要实时访问的资源，应确保它们存储在可用性和访问速度都极高的存储系统中。而对于那些需要大量存储空间的研究者和学生，则应提供可扩展的存储解决方案，以应对他们不断增长的数据需求。

第一，对于实时访问的需求，存储系统的可用性和访问速度是至关重要的。想象一下，如果一所医院的信息系统因为存储设备故障而停止运行，那么后果将是灾难性的。因此，对于这些关键应用，存储设备必须具备高可用性和高性能。同时，考虑到数据的安全性，这种存储系统还应具备数据备份和恢复功能，以防止意外情况的发生。

第二，对于研究者和学生等需要大量存储空间的人群，可扩展的存储解决方案是必要的。随着研究的深入，研究者需要存储的数据量会越来越大。而学生从小学到大学，也会积累大量的学习资料。如果存储空间不足，他们可能需要经常清理数据或更换存储设备，这会给他们带来很大的不便。因此，提供可扩展的存储解决方案，可以让他们无须担心存储空间不足的问题，从而专注于自己的研究和学习。

当然，对于这些用户，数据的备份和恢复也是非常重要的。即使是最先进的存储系统，也无法保证数据永远不会丢失。为此，图书馆需要提供定期备份和快速恢复的服务，以确保用户的数据安全。

**3. 基于成本效益与经济性考虑的存储策略**

在数字化快速发展的时代，图书馆的存储需求也日益增长。如何经济可持续存储海量数据，成为图书馆面临的重要问题。以下是一些建议，以帮助图书馆制定经济可持续的存储策略。

第一，图书馆可以采用云存储解决方案来降低存储成本。云存储是一种将数据存储在云端的服务，可以节省图书馆在硬件和维护方面的成本。同时，云存储还提供按需付费，使图书馆可以根据实际需求灵活调整存储容量和费用。

第二，图书馆可以实施数据去重和压缩技术来减少无效和重复数据的存储。数据去重技术是通过识别和去除重复的数据块，减少存储空间的占用。而压缩技术则是通过压缩文件来减少存储空间的需求。这些技术可以进一步提高存储效率，节省存储成本。

第三，图书馆还可以采用分层存储策略来优化存储成本。分层存储是将数据按照重要性和访问频率的不同，分别存储在不同的存储设备上。这样使得图书馆可以根据数据的重要性和访问频率来灵活调整存储配置和成本。

### 4. 基于安全性考虑的存储策略

保障数字资源的安全是存储策略的核心，它不仅关乎图书馆的正常运营，更涉及国家安全、社会稳定等重要问题。因此，采取一系列措施来确保数字资源的安全是十分必要的。

第一，实施常规数据备份是保障数字资源安全的基础策略之一。定期对数字资源进行备份，可以确保任何数据丢失都能迅速恢复，避免因数据丢失而带来各种损失。同时，备份数据的存储和管理也是需要重视的问题，要选择可靠的存储设备和服务商，以确保备份数据的安全性和可用性。

第二，建立容灾恢复计划也是保障数字资源安全的重要措施之一。在自然灾害、硬件故障等突发事件下，能够迅速恢复数字资源的访问，可以避免因数字资源访问的中断而带来的各种损失。容灾恢复计划的实施需要考虑到各种可能的情况，包括设备故障、网络中断、软件故障等，要制定相应的应急预案，确保能够在最短的时间内恢复数字资源的访问。

第三，加密与访问控制也是保障数字资源安全的必要手段之一。采用加密技术保护数据的机密性，可以避免敏感数据被非法获取和利用。同时，实施严格的访问控制，确保只有授权人员才能访问敏感资源，可以避免因权限管理不善而带来的数据泄露和滥用风险。在实施加密与访问控制的过程中，还要考虑到数据的完整性、可用性和可追溯性等问题，要选择可靠的加密算法和安全协议，以确保数据的机密性和完整性。

### 5. 基于可管理性考虑的存储策略

数字化时代，存储策略已成为图书馆资源管理的重要组成部分，一个好的存储策略不仅能确保数字资源的安全、高效和长期保存，还能降低维护成本，提高管理效率。

第一，选择提供良好管理界面的存储解决方案是实现易管理和维护的关键。良好的管理界面可以简化日常管理工作，让管理员能够轻松地进行配置、管理和监控存储系统。例如，通过直观的图形用户界面，管理员可以轻松地监控存储系统的健康状况、容量使用情况、性能表现等关键指标。此外，良好的管理界面还应支持常见的任务操作，如数据备份、恢复、迁移等，以便管理员能够轻松地执行日常管理任务。

第二，实时监控和报警机制是确保存储系统健康运行的必要手段。实时监控存储系统的健康状况可以帮助图书馆及时发现并解决问题，防止数据丢失或损坏。监控机制应涵盖多个方面，如磁盘健康状况、网络带宽、CPU使用率等关键指标。同时，报警机制应能够在发现问题时立即发出警报，以便管理员能够迅速采取措施解决问题。

总之，一个合理的数字化存储策略是综合多个因素权衡的结果。在制定存储策略时，图书馆需要根据自己的实际情况，结合上述建议，制定并执行一个全面、均衡的存储策略。这需要考虑的因素包括数据的重要性、访问频率、数据增长趋势等。图书馆需要权衡不同因素之间的关系，以实现最佳的存储解决方案。

（三）开放获取与数字化存储的关联与影响

数字化图书馆，开放获取和数字化存储如同两条行走的腿，相互依赖、共同前行，它们之间的关系不仅仅是单向的推动，更是一种双向的促进和互补。

1. 开放获取与数字化存储的互相推动

资源的增长与多样化：开放获取运动鼓励学者、研究机构和出版商公开分享他们的研究成果，这使得数字资源迅速增长，种类也日益增多。开放获取的推广为数字化存储技术提供了更广泛的应用空间，使得资源更加易于获取和使用。

扩展存储的应用场景：随着开放获取资源的增加，数字化存储不再仅仅是为了备份和保存数据，它更成了一个确保资源高效流通、快速访问的平台，以满足全球范围内的学术需求。通过数字化存储技术，学者们可以更加便捷地获取和使用这些资源，从而更好地推进学术研究的进展。

数字化存储技术为开放获取资源提供了更加可靠和高效的存储方式。与传统的纸质存储相比，数字化存储具有更加优越的特性，如存储容量大、易于复制和传播、能够进行快速检索等。这些特性使得数字化存储技术成为开放获取资源的最优选择。

此外，数字化存储技术还可以通过数据挖掘、文本挖掘等手段对开放获取资源进行深入分析和挖掘，这有助于发现新的知识和信息，推动学术研究的创新和发展。同时，数字化存储技术还可以为学术界提供更加个性化的服务，如根据用户的需求进行资源推荐、定制等。

**2. 数字化存储对开放获取的保障**

安全技术保障：数字化世界中，开放获取的资源面临着诸多安全挑战。为了确保这些珍贵的学术资源不被丢失和滥用，图书馆采取了多种安全技术保障措施。其中，数字化存储技术为资源提供了坚实的后盾。通过采用先进的加密技术，确保了资源在传输和存储过程中的安全性。此外，还提供了备份和容灾等解决方案，以应对可能出现的意外情况。这些安全措施的实施，让用户可以放心地使用和分享这些学术资源。

稳定的数据传播：为了确保全球学者和研究人员能够随时随地访问和使用这些开放获取的资源，图书馆借助高效的数字化存储解决方案，实现了资源稳定、快速地传播。存储系统具有高度的可靠性和可扩展性，可以轻松应对日益增长的存储需求。同时，图书馆采用负载均衡和缓存技术，优化了数据访问速度，让用户在获取资源时能够享受到更流畅的体验。

**3. 共同的推动力量**

开放获取和数字化存储，是近年来学术领域中最为引人注目的两大变革，它们在各自的领域中不断进步，但它们的最终目的都是为了推动学术的前进，为了知识的创新和传播。它们的影响是深远的，不仅改变了学者们的工作方式，也深刻影响了整个社会的知识获取和利用方式。

第一，开放获取作为一种全新的学术交流模式，为学者们提供了一个更为广阔的交流平台。通过开放获取，学术资源得以广泛流通，学者们的交流不再受限于地域、机构，从而使得学术交流变得更为活跃和全球化。开放获取促进了跨地域、跨文化的学术交流，推动了学术的进步。

第二，开放获取和数字化存储都为知识创新提供了强大的催化剂。当更多的知识被公开分享，学者们可以在前人的研究基础上进行更深入的探索，这无疑加快了知识创新的速度，提高了知识创新的质量。数字化存储的出现，使得图书馆可以在海量的数据中挖掘出新的知识，为知识创新提供新的途径。

此外，数字化存储不仅仅是为了存储数据，它更为图书馆提供了大数据分析、文本挖掘等工具，使得数字资源的利用更加高效。通过大数据分析，可以对海量的数据进行深入分析，挖掘出隐藏在数据背后的规律和趋势；通过文本挖掘，可以对大量的文本数据进行关键词提取、情感分析等处理，从而更好地理解文本内容。这些技术的应用，使得图书馆对数据的理解和利用更加深入，从而提高了资源利用的效率。

## 第三节　数字图书馆的空间设计与规划

信息化时代，数字图书馆已经成为学术研究和公众知识获取的重要场所。与传统图书馆不同，数字图书馆更加注重信息资源的数字化存储和访问，为读者提供更为便捷和多样化的服务。然而，数字图书馆的成功不仅仅依赖于技术的支持，其空间设计与规划同样起着至关重要的作用。一个优秀的空间设计与规划能够提供良好的学习环境，促进知识的传播和交流，提升用户的体验和满意度。因此，重视数字图书馆的空间设计与规划，并对其进行深入的研究和探讨，是图书馆数字化的重要环节。

### 一、数字图书馆的空间设计

（一）设计理念

在数字图书馆的空间设计中，以用户为中心的设计理念是至关重要的。

这种设计理念体现了对用户需求和行为习惯的细致考虑，致力于创造一个符合用户期望和满足其需求的空间环境。

第一，了解用户的需求是不可或缺的一步。用户的需求可能包括舒适的阅读环境、良好的学习氛围、便捷的访问和借阅方式等。通过调研和分析用户的反馈，能够获取宝贵的信息，用于指导空间布局和功能设置。例如，为了提供舒适的阅读环境，可以设置宽敞明亮的阅览区域，配备舒适的座椅和适宜的阅读灯光。为了满足用户的学习需求，可以规划多功能学习区，提供多样化的学习资源和设施。

第二，需要深入了解用户的行为习惯。这涉及用户在图书馆内的活动模式和空间使用偏好。通过观察和分析用户的行为，可以优化空间布局，使用户能够更高效地利用图书馆的资源和服务。例如，根据用户的行走习惯和流量分布，可以合理规划交通流线，减少拥挤和混乱。根据用户的喜好和使用习惯，可以设置多功能区和社交空间，鼓励用户之间的交流与合作。

同时，在现代数字图书馆的空间设计中，将传统图书馆与现代设计元素相融合是非常重要的。传统图书馆通常承载着丰富的文化遗产和历史价值，而现代设计元素则能够体现时代精神和创新意识。因此，可以通过巧妙的空间处理和元素搭配，打造出一个既具有文化底蕴又充满现代感的空间。例如，利用传统建筑的结构和元素，结合现代设计手法和材料，创造出独特且富有层次感的空间效果；或者引入现代艺术装置和科技元素，为用户提供互动和沉浸式的体验，激发学习和探索的兴趣。

## （二）空间布局

### 1. 专门的阅览区

阅览区是图书馆中一个重要的功能区域，主要是为了满足用户安静阅读的需求。在布置阅览区时，需要将其布置在图书馆的静谧角落，以避免外界的干扰。为了营造一个柔和、舒适的阅读环境，阅览区应采用柔和的灯光，避免眩光和过强的光线刺激。此外，舒适的座椅和适合长时间阅读的桌子是必不可少的。座椅应该具备足够的支撑力，以减轻读者的疲劳感。桌子则应该足够宽敞，以容纳读者的书籍、电脑和其他阅读材料。为了鼓励用户长时间停留，阅览区还可以设置一些轻音乐或自然声音的播放装置。这些音乐或声音可以帮助读者更好地沉浸在阅读体验中，提高阅读效率。此外，为了方便读者在阅览区查阅资料，还需要在区域内设置足够的书架和图书资源。

### 2. 研究区

研究区是专为学者和研究人员设计的。这一区域应提供丰富的学术资源，如专业书籍、学术期刊、数据库等。这些资源应该涵盖各个学科领域，以便支持研究人员的学术研究工作。为了支持团队合作和交流，研究区可以配置大型会议桌、投影设备以及供团队讨论的小型封闭空间。这些设施可以促进学者之间的交流和合作，帮助他们更好地进行学术研究。同时，为了方便学者，研究区还应设有打印、复印、扫描等文档服务设施。这些设施可以帮助学者们更便捷地整理和分享他们的研究成果。

### 3. 多媒体区

多媒体区是提供音、视频等多媒体资源欣赏和学习的场所。这个区域应配备高质量的音响和投影设备，以确保最佳的视听效果。为了方便用户学习，多媒体区还应设置互动显示屏和触控设备，使用户可以直观地操作和学习。为了鼓励用户之间的交流和合作，多媒体区可以设计成开放式布局，以方便用户之间的互动和分享。

### 4. 安静空间与活跃空间的平衡

为了确保数字图书馆的空间平衡与和谐，图书馆相关工作人员需要合理安排安静空间和活跃空间的分布。安静空间主要指阅览区和研究区，这些区域需要保持宁静和专注的氛围。活跃空间则包括多媒体区和社交区，这些区域鼓励用户之间的互动和交流。为了实现这种平衡，可以通过巧妙的隔断、家具布置和声音控制来划分不同的空间。例如，使用隔音材料、调整家具摆放位置、设置声音控制系统等，以减少不同区域之间的相互干扰。同时，也可以设置一些灵活的空间，根据用户的需求和活动类型进行动态调整，以实现空间的最佳利用。

## （三）技术与设施整合

在数字化快速发展的今天，智能家居与设备的嵌入式融合已经成为空间设计的新趋势。通过将先进的技术与家具进行嵌入式融合，可以打造智能化、便捷的空间，为用户提供更加舒适、高效的使用体验。

在数字图书馆中，嵌入式融合的应用尤为突出。在阅览区和研究区配置智能显示屏，可以方便用户查询图书信息、预约座位、获取个性化推荐等。这种智能化的设计大大简化了用户在图书馆内的操作流程，提高了查询效率。此外，无线充电设施的集成也为用户提供了便捷的充电服务，无需担心电线缠绕和插座不足的问题。这种贴心的设计考虑到了用户在使用过程中的实际需求，增强了用户的使用体验。

除了智能家居与设备的嵌入式融合外，数字图书馆还需要配置先进的网络设备和服务器。高速、稳定的网络设备能够保证用户在多媒体区流畅地观看视频、听取音频，使他们在研究区迅速下载所需学术资源。同时，具备大容量和可靠性的服务器能够确保数字资源的安全存储，并提供高效的资源访问服务。这种配置不仅能够提高资源的访问速度，还能确保数据的安全性和完整性，为用户提供稳定可靠的服务。

智能化管理系统是数字图书馆空间设计的另一个重要方面。这种系统可以对图书馆内的设施、设备、资源等进行统一管理和监控，以确保它们的正常运行和高效利用。例如，通过智能化管理系统，可以实现对阅览区灯光的自动调节、空调系统的智能控制，以及对多媒体设备的远程管理等。这种智能化的管理方式不仅提高了图书馆的运行效率，还能更好地满足用户的需求，提升数字图书馆的整体用户体验。

为了更好地满足用户需求，需要持续进行数据分析和用户行为研究。通过收集和分析用户在数字图书馆中的行为数据，可以了解他们的偏好、习惯和需求，进而优化空间设计和设施整合。这种数据驱动的设计方法能够更加精准地满足用户需求，提升数字图书馆的整体用户体验。例如，通过分析用户的搜索历史和浏览记录，了解他们对哪些资源更感兴趣，从而更有针对性地推荐和采购图书资源。此外，用户行为研究还可以更好地了解用户的使用习惯和需求。例如，通过观察和分析用户在数字图书馆中的活动路径和停留时间，了解他们对空间布局和设施配置的满意度和改进意见。这种反馈为图书馆改进工作提供了宝贵的参考依据，帮助图书馆不断优化空间设计和服务质量。

数字图书馆空间的设计在很大程度上依赖于技术与设施的整合。智能家居与设备的嵌入式融合、先进的网络设备和服务器配置、智能化管理系统的应用，以及数据分析和用户行为研究的支持，对于打造高效、便捷、智能化的数字图书馆空间至关重要。

第一，智能家居与设备的嵌入式融合，为数字图书馆空间提供了更多的可能性。这些家具和设备的设计需要考虑到人体工程学，以便为用户提供舒适的使用体验。例如，可调节高度的书桌和符合人体工程学的椅子，可以适应不同用户的需求，让他们在阅读或学习时更加舒适。同时，嵌入式设备也可以用于收集用户的行为数据，进一步优化空间设计。

第二，先进的网络设备和服务器配置是实现智能化数字图书馆空间的必要条件。这些设备需要具备高速度、大容量和低延迟等特点，以便支持大量的用户同时访问和数据交换。此外，服务器配置还需要考虑到数据存储和管理的问题，以确保数字图书馆数据的安全和可靠。

第三，智能化管理系统的应用，可以帮助图书馆工作人员更加高效地管理数字图书馆空间。这些系统可以通过自动化和智能化的方式，实现对图书、用户和空间的全面管理。例如，通过智能化管理系统，可以远程监控数字图书馆的运行状态，及时发现并解决问题。同时，这些系统还可以根据用户的行为和喜好，为他们推荐相关的图书和资源。

第四，数据分析和用户行为研究的支持，有助于更好地了解用户的需求和行为习惯。通过收集和分析用户的行为数据，可以了解到用户的阅读偏好、学习方式和兴趣爱好等信息。这些信息可以帮助图书馆员更好地为用户提供个性化服务，同时也为数字图书馆空间的持续优化提供有力的支持。

在数字图书馆空间设计中，技术与设施的整合不仅需要考虑到先进性、

舒适性和管理效率等因素，还需要关注用户的需求和行为习惯。只有这样，才能够打造出高效、便捷、智能化的数字图书馆空间，为用户提供卓越的服务体验。

## 二、数字图书馆的规划策略

### （一）长期规划

与城市或机构总体规划相衔接：数字图书馆作为城市或机构的文化和知识中心，其长期规划必须与城市或机构的整体发展规划相协调。这就意味着数字图书馆的建设计划、用地规划、建筑设计等都需要与城市或机构的文化、教育、科技等发展规划相适应，以确保数字图书馆的发展能够与城市或机构的发展同频共振。

预测未来技术和服务的发展趋势：数字图书馆的长期规划中，图书馆相关工作人员需要具备前瞻性的眼光，预测未来技术和服务的发展趋势。例如，随着人工智能、大数据、云计算等技术的不断发展，数字图书馆的服务模式、资源管理方式等都将发生深刻变革。因此，需要密切关注这些技术的发展动态，并在规划中充分考虑这些变革的可能性和影响，以确保数字图书馆在未来能够持续保持领先地位。

确保可持续发展和适应性：数字图书馆的长期规划必须注重可持续发展和适应性。这意味着图书馆需要制定灵活的规划方案，能够根据不同发展阶段和外部环境的变化作出相应的调整。同时，还需要注重生态环保，采用绿色建筑技术和可再生能源，降低数字图书馆的运营成本和环境负担。

考虑资源的合理配置和经费可持续筹措：为了确保数字图书馆的长期发展，需要在规划中充分考虑资源的合理配置和经费的持续筹措。这包括制定合理的资源采购策略，以确保数字资源的丰富性和多样性；同时，积极寻求多元化的经费筹措渠道，如政府拨款、社会捐赠、图书馆合作等，为数字图书馆的可持续发展提供稳定的经费保障。

总之，数字图书馆的长期规划是一项系统性、前瞻性的工作，需要与城市或机构的总体规划相衔接，且能够预测未来技术和服务的发展趋势，从而确保可持续发展和适应性。只有这样，才能为数字图书馆的未来发展奠定坚实基础，推动其不断向前发展，更好地满足社会和人民的需求。

（二）灵活性与可扩展性

在数字图书馆的规划中，考虑到用户需求的多样性和变化性是非常重要的。用户的需求可能会随着时间的推移和技术的进步而发生变化，因此，图书馆需要一种灵活且可拓展的空间布局和服务模式来适应这些变化。例如，可以通过模块化的设计，轻松调整阅览区、研究区、多媒体区的大小和位置，以满足不同用户的需求。

**1. 适应技术发展的可扩展性**

随着科技的飞速发展，新的技术和设备不断涌现，这要求数字图书馆能够适应这些新技术，并将其整合到现有的服务中。一个具有良好可扩展性的数字图书馆，可以轻松添加新的设备和服务，而无须对整个系统进行大规模的改造。但在设计之初，必须考虑到未来的发展，从而为未来的技术设施预留出一定的空间和资源。这样，就可以在不影响现有服务的情况下，轻松地添加新的技术和设备。数字图书馆的可扩展性是非常重要的。随着技术的不断发展，图书馆相关工作人员需要不断地更新数字图书馆，以保持其竞争力和吸引力。一个具有良好可扩展性的数字图书馆，可以轻松地适应新的技术和设备，从而为读者提供更好的服务。

总之，为了实现数字图书馆的可扩展性，可采取以下的一些措施。

第一，需要对现有的系统进行全面的分析和评估，以确定其是否能够适应新的技术和设备。如果现有的系统已经无法适应新的技术和设备，那么就需要对其进行升级或改造。

第二，需要选择那些具有良好可扩展性的技术和设备，以便在未来添加新的技术和设备时能够更加轻松。

第三，需要在设计之初就为未来的技术设施预留出一定的空间和资源，以便在未来添加新的技术和设备时能够更加方便。数字图书馆的可扩展性是

一个非常重要的概念，它可以使图书馆更好地适应未来的发展。设计和构建数字图书馆时就能考虑到未来的发展，那么图书馆在未来才能保持竞争力和吸引力。

### 2. 采用可调整的模块化布局与设施

为了提高数字图书馆的灵活性和可扩展性，设计中应采用可调整的模块化布局和设施。这种设计方式能够使空间进行重新配置，以适应新的服务模式和用户需求。通过使用可移动的墙壁和家具，可以创造出可变的空间布局，同时也可以采用标准化的接口和协议，使新的设备和系统能够轻松地集成到现有的基础设施中。在数字图书馆中，可调整的模块化布局和设施是至关重要的。随着科技的发展和用户需求的不断变化，图书馆需要不断地重新配置空间，以适应新的服务模式和用户需求。例如，一些用户可能希望在一个安静的环境中阅读书籍，而另一些用户则可能希望在一个热闹的环境中交流和讨论。为了满足这些不同的需求，图书馆需要具备高度的灵活性和可扩展性。使用可移动的墙壁和家具可以创造出可变的空间布局。这些墙壁和家具可以根据需要随时移动，从而改变空间的大小和形状。这种设计方式不仅可以提高空间的利用率，还可以为用户提供更加灵活和多样化的阅读环境。同时，这种设计方式也更加环保，因为它们可以重复使用，从而减少了浪费和污染。除了空间布局之外，设备和系统的集成也是数字图书馆可扩展性的关键因素之一。通过采用标准化的接口和协议，新的设备和系统可以轻松地集成到现有的基础设施中。这不仅可以提高图书馆的效率和服务质量，还可以为未来的发展提供更多的可能性。例如，可以通过添加更多的智能设备和技术，如人工智能和物联网等，来提高图书馆的自动化水平和智能化程度。

### 3. 考虑未来的扩展和改造

在规划数字图书馆时，需要考虑其未来的扩展和改造。为了确保数字图书馆能够适应未来的需求和发展，设计和改造时就需要预留一定的扩展空间，并在设计和建设中采用可持续的材料和技术。这样做既可以减少未来改造对环境的影响，同时又可以确保数字图书馆在长时间内能够保持其功能和价值。

为了实现这一目标，就需要在规划阶段进行全面的分析和评估。首先需要了解的是数字图书馆的当前需求和未来的发展趋势。这可以通过市场调研、用户反馈和技术趋势分析等方式获得。通过对这些信息的综合分析，可以确定数字图书馆的未来发展方向和重点。在了解未来发展趋势的基础上，需要制定一个长期的维护和升级计划。这个计划应该考虑到数字图书馆的整个生命周期，包括其运营、维护和升级等方面。在制订计划时，需要考虑到数字图书馆的硬件设备、软件系统、数据安全等方面的需求，并确保这些需求能够得到满足。此外，还需要采用可持续的材料和技术来减少对环境的影响。例如，采用高效节能的设备和技术，如绿色能源技术、节能空调等，以减少能源消耗和碳排放。当然，也可以采用可回收利用的材料和技术，如可回收的包装材料、环保涂料等，以减少对自然资源的消耗和浪费。

### （三）环保与可持续性

#### 1. 选择环保建筑材料

在数字图书馆建设过程中，应优先选择那些具有环保认证的建筑材料，如可再生材料，低挥发性有机化合物（VOC）的内装材料，以及那些具有高效能、长寿命的建筑系统。通过这种方式，可以降低建筑本身对环境的影响，并且减少后期维护和替换的频率，进一步节约能源和资源。

#### 2. 采用节能技术和可再生能源

节能是数字图书馆可持续性的关键，为此可考虑使用高效的HVAC系统、LED照明和其他节能设备，以减少能源消耗。同时，为了降低对传统能源的依赖，应优先考虑使用太阳能、风能等可再生能源，为图书馆的运营提供清洁的能源。

#### 3. 合理规划绿化区域和景观

绿化不仅仅是为了美观，它还能够提供诸多好处，如净化空气、降低噪音、调节气温等。因此，在数字图书馆的规划中，应预留足够的空间用于绿化，来创建自然的景观。此外，也可以设置屋顶花园、垂直绿化等，增加绿化面积，为用户提供更加舒适的学习环境。

#### 4. 水资源管理与废弃物处理

除了能源和建筑材料，水资源和废弃物管理也是数字图书馆可持续性的重要组成部分。对此，应采用节水型卫生器具和灌溉系统，减少水资源的消耗。同时，为了减少废弃物，可以实施垃圾分类，促进废弃物的回收和再利用。此外，还可以考虑食物废料堆肥等方法，将废弃物转化为有用的资源。

#### 5. 教育与宣传

数字图书馆作为公共建筑，也有责任和义务宣传和教育公众关于环保和可持续性的重要性。在图书馆内，可以设置环保知识的展示区，举办相关的讲座和活动，鼓励用户参与环保行动，推动社区的可持续发展。

总之，环境规划是数字图书馆规划中不可或缺的一部分。通过选择环保的建筑材料，采用节能技术和可再生能源，合理规划绿化区域和景观，以及实施有效的水资源管理和废弃物处理措施，打造一个既现代又环保的数字图书馆，为用户提供一个舒适健康的学习环境，同时也为地球的可持续发展作出贡献。

综上所述，数字图书馆的空间设计与规划是一项复杂而重要的任务。通过合理的空间设计和规划策略，打造出舒适、智能且具有人文关怀的数字图书馆，为用户提供更好的学习和研究环境，从而推动知识的传播和创新发展。

# 第四章　新技术在图书馆中的应用

## 第一节　人工智能与自动化技术

随着科技的飞速发展，人工智能与自动化技术已逐渐渗透到图书馆工作的方方面面。作为信息时代的产物，它们不仅改变了人们的生活方式，还在各行各业中发挥着重要作用。图书馆作为知识的海洋和信息的集散地，一直致力于提供更高效、便捷的服务。在此背景下，人工智能与自动化技术的应用为图书馆的发展带来了前所未有的机遇和挑战。

### 一、人工智能在图书馆中的应用

（一）智能推荐系统

**1. 深度个性化体验**

智能推荐系统并不仅仅满足于为用户推荐一本好书，它追求的是为用户提供一种深度个性化的阅读体验。这意味着，不同的用户登录图书馆系统时，他们看到的推荐模块内容是完全不同的，这些都是根据他们的个人兴趣和历史行为量身定制的。

**2. 工作原理**

智能推荐系统的运作首先依赖于数据收集。这一环节是推荐系统的奠基之石，因为只有充分了解用户的借阅记录、浏览行为、搜索关键词等数据，才能深入洞察用户的兴趣和需求。这些数据就如同显微镜，通过它，才能仔细观察用户的每一个细微行为，从而揭示出他们潜在的阅读偏好。收集到的数据经过大数据技术的处理和分析，这就像是一座金字塔，数据被逐层清洗、

去重、归类,并被结构化和标准化。然后,更高级的分析技术如用户行为分析、兴趣点挖掘等将被应用。这些技术就如同炼金术,将原始的数据转化为金子般的洞察力,使图书馆相关工作人员能够清晰地看到用户的阅读习惯和兴趣趋势。再进一步,结合深度学习技术,每一个用户都会被系统自动建立一个用户模型。这个模型是通过对用户历史数据的深度学习和训练得出的,它能够精准预测用户的阅读喜好、阅读习惯等。这个过程就如同画家在画布上创作,每个用户都被描绘成一个独特的模型,细腻而真实。最后,根据用户模型,系统会从图书馆的浩瀚藏书中挑选出那些最符合用户喜好的图书进行推荐。这个环节就如同魔法师在施展魔法,每一本书都被匹配到那个最需要它的读者手中,这种匹配既精准又神奇。通过这种方式,智能推荐系统成功地打破了图书馆和读者之间的隔阂,使得每一本书都能找到它最合适的读者,同时也使得每一位读者都能找到他们最喜爱的书籍。

### 3. 应用实例

首页推荐模块:当用户登录图书馆系统时,他们会在首页看到一个名为"为您推荐"的模块。这个模块占据了首页的显眼位置,其中的图书封面都是根据该用户的历史数据推荐而来。例如,如果用户之前借阅过科幻小说,那么推荐模块中就可能会出现热门的科幻作品。

浏览与搜索中的推荐:除了首页的推荐模块,当用户在浏览或搜索图书时,系统的推荐功能也在悄悄发挥作用。比如,用户在浏览"历史"分类时,系统会在页面侧边或底部展示与此相关的其他历史类图书,如用户之前借阅过《人类简史》,那么可能就会推荐《世界历史》等相关扩展读物。

## (二)智能问答机器人

### 1. 提供 24 小时的即时响应

智能问答机器人为图书馆提供了一个 24 小时不间断的在线服务窗口。无论是白天还是夜晚,用户都可以随时提出问题,并得到实时的回应和解答。从而大大延长了图书馆的服务时间,提高了服务的便捷性。

### 2. 工作原理

自然语言理解：智能问答机器人的核心是自然语言处理技术。这种技术是人工智能领域的重要突破，它使得机器人能够理解和分析人类语言，从而更好地为人类服务。通过自然语言处理技术，智能问答机器人可以准确地理解用户的提问，不论用户使用什么样的表述方式，机器人都可以捕获到用户的真实意图，从而使得用户与机器人的交互更加流畅，同时也大大提高了机器人的实用性和效率。

知识库构建与查询：为了回答用户的问题，智能问答机器人背后有一个庞大的知识库。这个知识库包含了图书馆的规章制度、服务流程、馆藏信息等各方面的内容。当用户提问时，机器人会在知识库中迅速查找相关答案。这个知识库的构建需要经过长时间的积累和整理，以确保其准确性和完整性。同时，机器人还需要具备快速查询和筛选的能力，以便在短时间内找到最符合用户需求的答案。除了图书馆领域，自然语言处理技术和知识库构建在其他领域也有广泛的应用。

### 3. 多样化的交互方式

在图书馆的网站、App 或微信公众号上，用户只需通过文字输入的方式向智能问答机器人提问，机器人便能迅速解析问题并给出相应的答案。这种智能化的交互方式为用户带来了极大的便利，使他们能够随时随地获取所需的图书信息和服务。除了文字交互外，智能问答机器人还支持语音交互，以满足更多用户的需求。用户只需对着手机或电脑说出问题，机器人便能识别语音并给出答复。这种语音交互功能使得用户在查询图书信息或了解图书馆服务时更加方便快捷。为了提供更好的用户体验，智能问答机器人实现了多平台整合。无论是图书馆的官方网站、App，还是微信公众号，机器人都已完美融入其中。用户可以根据自己的习惯和需求，选择最方便的平台与机器人进行交互。这种多平台整合的设计使得用户能够更加灵活地使用机器人服务，从而提高了图书馆的便利性和服务质量。此外，智能问答机器人的功能还包括推荐图书、查询借阅记录、解答图书馆规章制度等。用户只需输入简单的问题或指令，机器人便能快速、准确地提供所需信息。这种智能化的服务方式，

不仅提高了图书馆的工作效率,也为用户带来了更好的阅读体验。

### 4. 持续学习与优化

智能问答机器人是近年来科技进步的产物,它以其高效便捷的特性为人们提供了全新的知识获取方式。而在这些特性中,持续学习和优化无疑是机器人最引人注目的特点之一。

每当有用户向智能问答机器人提问,机器人都会以极高的速度和准确性记录下这个问题以及相应的答案。这些数据信息被不断收集和整理,就会形成一个庞大的知识库。这个知识库不仅包含了各种领域的知识,还涵盖了各种语言和文化背景。随着时间的推移,机器人通过学习和分析这些数据,逐渐积累了丰富的经验和技能,使得其答案更加准确和完善。智能问答机器人的持续学习和优化特性,得益于其背后的先进算法和模型。这些算法和模型能够自动分析用户提问和答案之间的关联,以及答案与知识库中已有信息的匹配程度。通过不断地学习和训练,机器人的算法和模型得以优化,从而提高了其回答问题的准确性和效率。

除了在回答问题方面表现出色,智能问答机器人还具备了其他诸多优势。例如,它可以全天候在线服务,随时为人们提供所需的帮助。此外,它还可以针对不同用户的需求和背景,提供个性化的建议和服务。这些特点,使得智能问答机器人在教育、医疗、商业等领域都得到了广泛应用。

当然,智能问答机器人的持续学习和优化也面临着一些挑战。例如,随着知识库的不断扩大,如何高效地管理和维护这些数据成了一个重要问题。此外,如何确保机器人的回答准确且符合人类价值观,也是一个值得关注的问题。

### (三)图像识别技术

随着数字技术的飞速发展,图像识别技术逐渐成为许多行业的得力助手。对于图书馆而言,传统的图书分类和整理方法,如手动翻阅、目视识别等,不仅效率低下,而且在准确性和一致性上也存在诸多问题,图像识别技术的出现正好解决了这一痛点。

**1. 工作原理**

（1）图像采集

在图书馆中，为每本图书进行封面照片的拍摄是一项至关重要的任务。这可以通过专门的扫描设备或者手机、相机等常见设备进行。在拍摄过程中，光线要充足，以避免图像出现色差或失真。同时，要确保拍摄设备的设置参数正确，以确保图像的清晰度和分辨率。

（2）特征提取

当封面照片拍摄完成后，图像识别技术将介入进行特征提取。这里的特征包括但不限于颜色、形状、文字、图案等。例如，系统可以识别图像中的主色调，抓取封面的形状和图案，以及识别标题文字的颜色和字体等。通过对这些特征的识别和抓取，技术能够"理解"图像的内容，为后续的图像分类与识别提供基础。

（3）图像分类与识别

基于提取出的特征，系统会与预先设定的分类标准进行对比，从而确定图书的归类。这就像给图像贴上标签，以便于后续的检索和管理。例如，系统可以通过封面的主色调、标题文字等内容，判断这是一本历史类图书还是科幻小说。通过这种方式，系统能够快速、准确地确定图书的类型和主题，为后续的检索和推荐提供便利。

（4）标签信息解析

除了封面，图书的标签也包含了大量的信息。利用光学字符识别（OCR）技术，图像识别系统还可以对标签上的文字进行识别和解析。这不仅能够进一步丰富图书的信息维度，还可以提高图书检索的准确性和效率。例如，系统可以通过解析标签上的文字，获取图书的标题、作者、出版日期等信息，从而为后续的检索和推荐提供更加详细和准确的信息。

**2. 应用实例**

（1）新书上架流程优化

当图书馆购入新图书时，工作人员只需对图书进行一次性扫描或拍照，后续的分类、编目、上架等工作都可以由系统自动完成，从而极大地减轻了

工作人员的负担，并减少人为错误。这一优化的流程不仅提高了上架的效率，还降低了错误率，为图书馆提供了更加准确和高效的图书管理方式。

（2）定期图书复查

为了确保图书信息的准确性，系统可以定期对已经归类的图书进行复查。例如，每月或每季度，系统会对书架上的图书进行扫描，确认它们的位置与系统中的记录是否匹配。这种复查机制可以及时发现图书是否丢失或图书放置是否有误从而保证图书的正确分类和编目。同时，这也为图书馆提供了更加稳定和可靠的信息管理系统。

（3）图书查找辅助

当用户查找某本特定图书时，图像识别技术也可以提供辅助。用户只需提供图书的封面照片或者描述，系统就可以快速定位到图书的具体位置。这种查找辅助功能极大地提高了用户查找图书的效率和准确性，也为图书馆提供了更加便捷和高效的服务。

（4）数据分析与决策支持

随着时间的推移，图像识别技术还可以对大量图书的封面和标签信息进行数据分析，为图书馆的采购策略、布局优化等提供决策支持。通过对大量数据的分析，图书馆可以更好地了解读者的阅读需求和喜好，从而制定更加科学和合理的采购策略。同时，这些数据还可以用于优化图书馆的布局和服务，提高读者的满意度和忠诚度。

总之，图像识别技术为图书馆的管理带来了前所未有的便捷和准确性。它不仅优化了工作流程，提高了效率，还降低了人为错误的风险。随着技术的进一步发展和完善，有理由相信图像识别技术将在图书馆领域发挥更大的作用，为用户提供更加卓越的服务体验。

## 二、自动化技术在图书馆中的应用

（一）自助借还书系统

### 1. 设备介绍

扫描器：高精度的扫描器在借还图书的过程中发挥了巨大的作用。它能够在短短的数秒内准确识别图书的条码或二维码，从而确保了借还过程的快速与准确。这种扫描器的出现，不仅提高了借阅效率，还减少了操作失误，让图书馆的借阅流程更加顺畅。

显示屏：清晰、直观的显示屏为借阅者提供了明确的操作指引，使得即使是首次使用也能轻松完成借还操作。通过简单的图标和文字提示，借阅者可以轻松地找到自己需要的图书，并快速完成借阅和归还操作。这种设计不仅方便了借阅者，还提高了图书馆的工作效率。

操作系统：稳定的操作系统对于图书馆设备来说至关重要。它能够确保设备持续、高效地工作，同时，系统还会定期自我更新，优化操作流程，提升用户体验。这种系统不仅简化了借阅者的操作流程，还为图书馆提供了更加便捷的管理工具，使得图书馆的运营更加高效和智能化。

总之，在数字化时代，高精度扫描器和直观的显示屏已经成为图书馆设备的标配。同时，随着技术的不断发展，图书馆的操作系统也在不断升级和完善。这些先进的技术和设备不仅提高了图书馆的借阅效率和管理效率，还为借阅者和图书馆工作人员提供了更加良好的使用体验。在未来，期待有更多的技术被应用到图书馆设备中，从而为读者带来更加便捷、高效和智能化的阅读体验。

**2. 工作流程**

图书识别技术在图书馆自助借还书系统中扮演着至关重要的角色。当用户将图书放置到扫描区域后，先进的自助借还书系统会通过多种技术手段对图书进行快速而准确的识别。其中，条码或二维码识别技术是一种常见的识别方式，但更先进的系统则采用了图像识别技术来辨识图书封面，进一步提高了识别的准确度。在这种情境下，自助借还书系统不再仅仅是机械地扫描条码或二维码，而是具备了更高级别的智能化。通过先进的图像识别技术，机器能够捕捉到图书封面的详细信息，包括颜色、形状、文字和图案等。这种技术，不仅提高了识别的速度和准确度，还为图书馆提供了更多的信息，例如图书的封面和标题等，从而更好地了解和管理其馆藏资源。在用户验证方面，为了确保操作的安全性，用户在进行借阅或归还操作前需要进行身份

验证：通常是通过扫描读者证、人脸识别、指纹识别等方式完成的。这些技术手段不仅提供了方便快捷的验证方式，还大大提高了操作的安全性，防止未经授权的人员使用自助借还书系统进行非法操作。此外，所有的借还记录都会实时同步到图书馆的数据库中，从而确保了数据的实时性和准确性。这些数据不仅为图书馆的统计分析提供了基础，还为管理层提供了重要的决策依据。通过对这些数据的分析，可以了解读者的借阅习惯、喜好和行为模式，从而更好地满足读者的需求，提高服务质量。同时，数据传输和记录也是实现图书馆自动化管理的重要环节。通过与图书馆管理系统进行集成，自助借还书机能够将借还记录自动上传到图书馆的数据库中，避免手动输入数据的繁琐和不准确性，还不仅提高了工作效率，还确保了数据的准确性和一致性。

### 3. 优势分析

效率提升：自助借还书系统是一种创新的图书馆管理系统，它改变了传统的人工借还书方式，能够同时处理多本图书的借还操作，极大地提升了处理效率。这意味着用户在借还书时不再需要长时间等待，从而节省了宝贵的时间。这种系统的引入，使得图书馆的运营更加高效、灵活，满足了现代社会快节奏的需求。

用户体验提升：自助借还书系统不仅提供了高效的服务，还在用户体验方面进行了改进。私密、独立的操作空间让用户感到更加舒适，满足了部分用户对于隐私的需求。此外，24小时的服务时间使得用户可以在任何自己方便的时间进行借还操作，而不受图书馆开放时间的限制。这种服务方式让用户感到更加自由、便捷，大幅提升了用户的满意度。

数据分析与决策支持：自助借还书系统不仅提供了高效的服务和良好的用户体验，还为图书馆提供了宝贵的数据支持。通过系统收集的数据，图书馆可以分析用户的借阅习惯、借阅时间等，为图书馆的运营策略、资源分配提供决策依据。这使得图书馆能够更好地了解用户需求，优化服务，提高运营效率。

节约成本：虽然自助借还书系统的初期投入相对较高，但从长期来看，它能够大大减少人工操作，降低人力成本。此外，由于系统自动化的操作减少了人为错误，这也节省了后续维护费用。这种成本效益使得图书馆能够在保持高质量服务的同时，实现资源的优化配置。

（二）自动化分拣系统

**1. 设备与技术**

在现代化的图书馆中，自动化分拣系统是高效运作的关键。其中，机器人和传送带是这套系统的核心组成部分，它们各有各的职能和特点。此外，扫码器也扮演着重要的角色，它负责准确读取每一本图书的信息。首先来谈谈机器人。这些机器人通常配备有先进的导航系统和抓取装置，它们就如同图书馆中的"眼睛"和"手臂"。凭借预设的路径和指令，机器人可以在图书馆内自由移动，它们可以到达每一个角落，无论是书架之间还是书架背后。同时，机器人能够精确抓取传送带上的图书，无论是新书还是旧书，都能准确无误地被抓取，从而大大提高了分拣的效率和准确性。接下来是传送带。传送带就如同图书馆中的"血管"，它是连接各个工作区域的重要纽带。通过传送带，图书可以被平稳、快速地从一个区域传送到另一个区域。无论是在借阅区、归还区还是书库区，传送带都发挥着重要的作用。它使得图书的流通更加顺畅，同时也降低了人力搬运的需要。最后再了解一下扫码器。高精度的扫码器在图书馆中扮演着"耳朵"的角色，它负责识别图书的信息。通过与图书馆的管理系统相连，扫码器能够准确读取并记录每一本图书的信息。无论是书籍的标题、作者、出版日期还是其他信息，都能被准确无误地读取和记录。这不仅提高了图书管理的效率，也使得读者在查找书籍时更加方便快捷。

**2. 工作流程**

图书归还服务，不仅为读者提供了便利，同时也成了图书馆高效运营的重要环节。当读者归还图书后，这些图书会被放置到指定的归还区域。这个区域通常会设置在图书馆的入口处，以方便读者在进入或离开图书馆时顺手归还图书。为了更好地管理归还的图书，图书馆会使用扫码器来快速识别图书的信息。这个设备能够准确地判断图书应归属的书架或暂存区。当读者归

还图书时，工作人员会用扫码器扫描图书的条形码或射频识别（RFID）标签，设备会迅速获取图书的信息，并自动将其归类到相应的书架或暂存区。为了提高效率，一些图书馆还会使用机器人技术来抓取和运输图书。机器人接收到指令后，会快速移动到指定的位置，精确地抓取图书。然后，机器人会将图书放置到传送带上，传送带会将图书送至相应的书架或暂存区。这种自动化技术不仅提高了效率，也减少了人工错误的可能性。在图书分拣环节，通过传送带，图书被快速送至相应的书架或暂存区。这个过程中，图书馆采用了先进的排序算法和机器学习技术，确保每一本图书都能准确、高效地归位。这样，不仅提高了图书馆的工作效率，也缩短了读者寻找图书的时间。此外，为了确保图书的安全和完整性，图书馆还会定期对图书进行质量检查和维护。图书馆工作人员会仔细检查图书的封面、页角、页边等部位，以确保图书没有受到损坏或磨损。如果发现有损坏的图书，图书馆会及时进行修复或替换，以保持图书馆藏书的价值和品质。

### 3. 效果评估拓展

随着科技的飞速发展，图书馆的运营模式也在逐步转变。其中，自动化分拣系统的出现，使得图书馆的归还图书处理效率显著提升。相比于传统的人工分拣方式，自动化分拣系统在处理速度上有着明显的优势。当大量的图书被归还时，自动化分拣系统能够迅速地处理这些图书，减少了用户的等待时间。不仅如此，自动化分拣系统的准确性也是人工分拣无法比拟的。机器人和扫码器的组合确保了图书分拣的准确性，大大降低了人为错误导致的图书归位问题。这种高度的准确性对于图书馆的运行至关重要，它不仅保证了图书的正确分类和存储，也使得图书馆能够更好地为读者提供服务。自动化分拣系统的出现也带来了人力资源的优化。工作人员无需再进行繁重的体力劳动，他们可以将更多的精力投入为读者提供优质服务和其他创造性工作中。这种转变，不仅减轻了工作人员的负担，也提高了他们的工作满意度，使得图书馆能够更好地为读者提供服务。最后，自动化分拣系统的扩展性与适应性也是其优点之一。随着图书馆藏书量的增加或减少，自动化分拣系统可以轻松地适应这些变化：只需对系统进行简单的调整或升级，即可满足图书馆的变化需求。这种灵活性使得图书馆能够更好地适应不断变化的环境。

总之，自动化分拣系统在现代化图书馆中的应用已经成为行业趋势，它不仅带来了显著的效益提升，还优化了整个流程。这种技术进步不仅改变了图书馆的运作方式，更引领了未来发展的潮流。第一，自动化分拣系统极大地提高了图书馆的运作效率。在传统的图书馆中，书籍的分拣和配送是一项繁琐而耗时的工作，需要大量的人力资源。然而，自动化分拣系统通过计算机技术和传感器技术的结合，能够实现快速、准确的书籍分拣和配送。这不仅缩短了读者等待借阅书籍的时间，也提高了图书馆的工作效率。第二，自动化分拣系统优化了图书馆的流程管理。通过引入自动化分拣系统，图书馆可以实现对书籍的实时监控和跟踪，确保书籍的准确存储和配送。同时，自动化分拣系统还可以帮助图书馆员更好地了解读者的借阅习惯和需求，从而更好地规划和管理图书馆的藏书资源。此外，自动化分拣系统还为图书馆带来了经济效益。自动化分拣系统可以减少图书馆在人力方面的投入，降低运营成本。同时，由于自动化分拣系统的准确性和高效性，图书馆可以减少在书籍管理方面的差错率，避免不必要的损失。展望未来，随着技术的不断进步和创新，有理由相信自动化分拣系统将会更加智能、高效。未来的自动化分拣系统可能会引入人工智能技术和大数据分析技术，实现对书籍的分拣和配送的智能化管理。同时，自动化分拣系统也可能会更加注重环保和节能，为图书馆事业持续注入新的活力。

（三）无人值守图书馆

**1. 技术整合**

自动化技术：在无人值守图书馆中，自动化技术以其高效、准确、便捷的优势，贯穿了图书借阅、归还、分拣等各个环节。通过引进先进的自动化设备，图书馆不仅大幅提高了图书管理的效率，更降低了人力成本，使得有限的资源得到更合理的利用。例如，读者可以通过自助借阅终端机完成借书、还书操作，无需人工干预，极大地提高了服务效率。同时，自动化技术还为图书馆的精准管理提供了可能，如通过 RFID 技术对图书进行定位、跟踪和防盗保

护，确保了每一本图书的安全和有序存放。

人工智能：人工智能（AI）技术在无人值守图书馆中发挥着越来越重要的作用。借助智能算法和大数据分析技术，AI能够深入挖掘和分析图书馆运营数据，为图书馆的资源配置、服务质量提升等方面提供有力支持。例如，AI可以通过对历史借阅数据的分析，预测读者的阅读需求和行为习惯，从而为读者提供更加个性化的图书推荐服务。此外，AI还可以应用于读者行为分析中，通过对读者的借阅记录、阅读时长等数据的分析，进一步了解读者的阅读偏好和习惯，为图书馆的个性化服务和资源采购提供参考。

物联网：物联网技术使得图书馆内的设备与系统实现互联互通，构建起一个高效、智能的管理和服务体系。通过物联网传感器，图书馆可以实时监测图书的位置、状态等信息，实现图书的精准管理和安全保护。同时，物联网技术还可以应用于智能灯光控制、温度调节等环境管理方面，为读者提供更加舒适、温馨的阅读环境。例如，通过物联网技术，图书馆可以实时监测室内温度和湿度，自动调节空调和加湿器等设备，确保室内环境的舒适度和适宜性。这不仅能够提高读者的阅读体验，也有利于图书的保存并能延长其使用寿命。

总之，在无人值守图书馆中，自动化技术、人工智能和物联网技术的广泛应用，使得图书馆能够实现更加高效、智能的管理和服务。这些技术的应用不仅提高了图书馆的工作效率和服务质量，也进一步提升了读者的阅读体验和满意度。未来，随着技术的不断进步和创新应用，无人值守图书馆将会为图书馆带来更多的惊喜和便利。

### 2. 服务模式

自助门禁系统：在无人值守的图书馆中，用户可以通过刷卡、扫码等方式轻松进入。这种门禁系统不仅方便快捷，更重要的是，它会验证用户的身份，并详细记录每位用户的进出信息，为图书馆的安全保驾护航。当读者走进图书馆时，只需轻轻一刷卡或扫一扫二维码，门禁系统便会在毫秒间完成身份验证，让读者轻松进入。与此同时，系统还会记录读者的进出时间，甚至读者的行为轨迹，为图书馆的安保提供坚实的数据支持。这种门禁系统的好处不仅在于方便快捷，更重要的是，它能够在无人值守的情况下，确保只有经过身份验证的人才能进入图书馆，从而大大提高了图书馆的安全性。无论是防患于未然，还是在发生意外情况时，都能为图书馆提供有力的安全保障。

自助借阅与归还：在图书馆中，用户可以通过自助借还书系统轻松完成图书的借阅和归还操作。这种机器可以自动识别图书的信息，并进行相应的处理，无需人工干预。

当读者需要借阅一本书时，只需将图书放在自助借还书系统的扫描区域，机器便会快速扫描图书的信息，并进行相应的处理。归还图书的过程也同样简单快捷，只需将图书放在机器的扫描区域，机器便会自动进行归还处理。

这种自助借还书系统的好处不仅在于方便快捷，更重要的是，它能够大大提高图书馆的工作效率。通过自动化处理，图书馆可以节省大量的人力资源，同时也可以提高图书的流通率，让更多的用户能够享受到阅读的乐趣。

安全监控：在图书馆内设置监控摄像头和红外感应器，可以对图书馆进行全方位的监控。这种监控不仅确保了图书的安全，还可以维护用户的秩序，防止不法行为的发生。监控摄像头可以捕捉到每一个角落的图像信息，无论是书架的排列、图书的摆放还是读者的阅读情况，都能被清晰地记录下来。当发生异常情况时，监控系统会立即发出警报，提醒管理人员及时处理。红外感应器则是一种先进的检测设备，它可以检测到人体发出的红外线辐射，从而在不需要接触的情况下检测到人体的存在。当有人闯入禁区或者做出不适当的行为时，红外感应器会立即发出警报，为管理人员提供及时的帮助。

### 3. 社会价值

时间灵活性：无人值守图书馆实现了 24 小时不间断的知识服务，这意味着用户可以在任何时间进入图书馆借阅或归还图书，打破了传统图书馆的开放时间限制。这种服务模式为用户提供了极大的便利，使得知识获取不再受限于固定的开放时间，满足了用户在任何时间的知识需求。

地域覆盖：对于偏远地区的用户来说，无人值守图书馆提供了更加便利的知识获取途径。它们可以作为文化服务的延伸，弥补传统图书馆在覆盖范围上的不足。在一些偏远地区，由于地理条件限制，传统图书馆难以覆盖到所有用户，而无人值守图书馆的出现，使得这些用户也能够享受到阅读的乐趣，

获取所需的知识。

推动阅读文化：无人值守图书馆的出现进一步推动了阅读文化的普及。其便捷的服务模式和丰富的藏书吸引了更多的人走进图书馆，享受阅读的乐趣，提升自身的知识水平。这种阅读文化的普及不仅有助于个人的成长和发展，也有助于推动社会的进步和发展。举例来说，一些无人值守图书馆通过提供数字化图书和电子资源，使得用户可以更加方便地获取所需的知识。此外，一些图书馆还提供了阅读推广活动和讲座，吸引更多的人走进图书馆，了解和参与阅读文化。这些举措进一步推动了阅读文化的普及和发展。

## 三、人工智能与自动化技术在图书馆应用中的优势

随着 AI 与自动化技术的日益成熟，它们在现代图书馆中的应用已成为一种趋势。这两种技术的结合不仅是对传统图书馆运营模式的革新，更为图书馆服务带来了诸多实实在在的优势，具体如下：

（一）提高服务效率

传统的图书馆服务中，很多操作都需要人工完成，比如图书的借阅、归还、分类、整理等。而引入 AI 与自动化技术后，这些琐碎、重复的工作都可以交由机器完成，大大提高了工作效率。

（二）优化用户体验

通过自助借还书机、智能推荐系统等，用户能够更快速、更便捷地找到自己需要的资源。此外，24 小时无人值守图书馆也为用户提供了更为灵活的使用时间，不再受制于传统图书馆的开放时间。

（三）降低成本

虽然引入 AI 和自动化技术前期可能需要一定的投入，但长远来看，这些技术能够大大降低图书馆的人力成本和运营成本。机器可以持续、高效地完成工作，而且不容易出错，这对于图书馆来说是一个巨大的优势。

### （四）精准地分析用户需求

通过 AI 技术对图书馆的数据进行分析，图书馆可以更为精准地了解用户的借阅习惯、兴趣偏好等，从而更加精准地采购图书、优化馆藏结构，满足更多用户的需求。

### （五）高效准确地实施管理

自动化技术可以实现图书的自动分拣、归架，确保每一本图书都能准确、及时地回到它应有的位置。这不仅提高了图书流通的效率，也使得图书馆的管理更为有序、高效。

### （六）释放人力资源

引入 AI 和自动化技术后，原本需要大量人力完成的琐碎工作都可以交由机器完成，这使得图书馆的工作人员可以将更多的精力投入为读者提供优质服务、组织阅读活动等有创造性的工作中。

总之，现代图书馆正面临着转型，而 AI 与自动化技术无疑为这个转型提供了强大的动力。它们不仅优化了图书馆的工作效率，更为图书馆带来了无限的可能性。未来，有理由相信，结合了 AI 与自动化技术的图书馆将为用户提供更为高效、个性化和人性化的服务，从而推动整个社会的阅读文化向前发展。

## 第二节　大数据分析与知识发现

### 一、大数据在图书馆中的积累

数字化时代为图书馆带来了革命性的变革。传统的图书馆主要以纸质图书为存储对象，但随着技术的进步和数字化的推动，现代图书馆已经成为海量的数字资源的汇聚中心。这种变革意味着图书馆在大数据的积累和应用上将面临前所未有的机遇，具体如下：

## （一）数字资源爆炸式增长

随着网络技术的飞速发展和数字资源的爆炸式增长，图书馆的角色和功能也正在发生着深刻的变化。如今，图书馆已经不再仅仅是一个传统的实体场所，而是逐渐成了一个数字化、信息化的知识库和资源中心。在数字资源的世界里，电子书、在线期刊、学术论文等资源犹如一颗颗璀璨的明珠，而图书馆则是这些资源的重要收集者和保存者。这些数字资源不仅具有易于存储、检索和传播的优势，还能够满足读者随时随地获取信息的需求。正是这些资源的丰富性和便捷性，使得图书馆在学术界、文化界和社会公众中发挥着越来越重要的作用。除了文本资源，现代图书馆还涵盖了音频、视频、数据库等多种形式的数字资源。这些资源不仅进一步丰富了图书馆的数据宝藏，也为图书馆相关工作人员提供了更加全面、深入的学习和研究视角。例如，一些图书馆收藏了大量的历史音频资料，这些资料对于研究历史事件和文化发展具有极高的价值。同时，一些数据库和在线期刊则提供了大量的科研数据和研究成果，为科研人员提供了宝贵的信息支持。为了更好地管理和利用这些数字资源，图书馆还加强了数字化建设和技术投入。例如，一些图书馆建立了数字化档案系统，对馆藏资源进行数字化处理和存储，同时也提供了便捷的检索和下载服务。此外，一些图书馆还引入了智能化管理系统，对馆藏资源进行分类、标签化管理，从而更好地满足读者的个性化需求。当然，数字资源的增长和图书馆的数字化建设也给图书馆管理带来了一些挑战。例如，如何保护数字资源的版权和使用权限，如何确保数字资源的长期保存和使用，如何提高数字资源的利用效率和满意度，等等。这些问题需要图书馆不断探索和创新，以寻求最佳的解决方案。

## （二）读者行为数据的海量生成

每当读者在图书馆进行借阅、检索、浏览等行为时，都会产生海量的数据。例如，借阅记录可以揭示读者的阅读兴趣和偏好，检索历史可以展现其学术研究的轨迹，而浏览行为则可以反映其信息的消费习惯。

这些数据不仅数量庞大，而且实时性强，为图书馆刻画读者的行为模式、分析读者需求提供了宝贵的信息。

（三）图书馆运营数据的累加

图书馆的日常运营也会产生大量的数据，如图书采购、分类、归架、流通等数据，以及图书馆的人流量、开放时间、活动记录等运营信息。这些数据反映了图书馆的运营效率和服务质量，同时也为图书馆的决策提供了数据支撑。

## 二、大数据分析在图书馆中的应用

（一）用户行为分析

随着信息技术的发展和大数据的兴起，图书馆的管理模式已经从传统的以资源为中心转向了以用户为中心。在这样一个背景下，个性化阅读推荐和用户群体划分成为图书馆提供个性化服务的重要手段。所谓个性化阅读推荐，是指图书馆根据用户的借阅记录、浏览行为等个人信息，为其推荐与其兴趣偏好相匹配的书籍和资源。这种服务方式不仅可以提高图书馆资源的利用率，更可以增强用户的满意度和忠诚度。例如，如果一个用户经常借阅历史类书籍，那么图书馆便可以为其推荐更多同类型书籍，从而使用户在大量的书籍中更快速地找到自己感兴趣的资源。同时，这种推荐也可以帮助用户拓宽自己的阅读视野，发现更多新的兴趣点。而用户群体划分则是图书馆通过分析大量用户的借阅和检索行为，将用户划分为不同的群体。这种划分有助于图书馆更精准地为用户提供服务。例如，图书馆可以根据用户群体特点，为特定群体组织相关的阅读活动或推荐特定主题的书籍。同时，这种划分也可以使用户更清晰地认识到自己的阅读偏好和习惯，从而更自主地选择适合自己的阅读资源。当然，为了提供更精准的个性化服务和提高图书馆的管理效率，图书馆需要不断收集和分析用户的个人信息，例如借阅记录、检索历史、浏览行为等。这些信息不仅可以用于为用户推荐资源和划分群体，还可以用于优化图书馆的资源采购、排架和管理等方面。例如，如果图书馆发现某种类

型的书籍被大量用户借阅,那么可以增加该类型书籍的采购量,从而更好地满足用户的需求。

（二）馆藏优化

精准采购:利用大数据分析,图书馆可以精确地了解哪些书籍和资源受到读者的热烈欢迎,从而精准指导采购策略。这种精准采购能够确保图书馆的资金被用于购买读者真正需要和喜欢的书籍,提高采购效率。

馆藏调整与优化:根据用户的借阅历史和检索行为,图书馆可以分析出哪些书籍长时间未被借阅,哪些主题或类别的书籍需求量大。这种分析可以为图书馆的馆藏调整提供决策支持,例如减少长时间未借阅书籍的复本量,增加热门书籍的采购。通过大数据分析,图书馆还可以了解到读者的阅读偏好、阅读习惯和阅读行为模式。

这些信息可以帮助图书馆更好地满足读者的需求,提供更加个性化的服务。例如,如果图书馆发现某些读者经常阅读某一类别的书籍,那么它可以在推荐系统中增加这类书籍的推荐频率,以更好地满足这些读者的阅读需求。此外,大数据分析还可以帮助图书馆优化其空间布局和资源分配。例如,如果图书馆发现某些区域的读者使用率较高,那么它可以增加这些区域的座位数量或增加这些区域的资源投入。同样,如果图书馆发现某些类别的书籍借阅量较高,那么它可以增加这些类别书籍的采购量,以满足读者的需求。

（三）趋势预测

借阅趋势预测:通过分析历史借阅数据,结合时间序列分析和其他预测模型,图书馆可以预测未来一段时间内的借阅趋势。这种预测可以帮助图书馆提前做好资源准备,例如提前采购即将流行的书籍,以确保资源充足。

服务策略调整:基于大数据的预测分析,图书馆不仅可以预测借阅趋势,还可以分析用户行为和需求的变化。这种分析可以为图书馆的服务策略提供调整建议,例如调整开放时间、优化图书排架方式、推出新的读者服务等。

大数据分析在图书馆中的应用前景广泛而深远。通过用户行为分析,图书馆能够深入了解读者的阅读习惯、需求和偏好，从而为其提供更为个性化、精准的服务。这种分析不仅有助于提高图书馆的资源利用率，还能为读者带来更为便捷、贴心的服务体验。第一，通过用户行为分析，图书馆可以全面了解读者的借阅习惯、阅读时长、阅读频率等数据，从而为读者推荐更适合的书籍和资料。这种个性化的推荐服务能够提高读者的满意度和阅读体验，同时也能促进图书馆的资源利用效率。第二，通过馆藏优化，图书馆能够根据读者的借阅数据和反馈，合理配置和调整馆藏资源。这不仅能够满足读者的需求，还能提高图书馆的资源利用率，避免资源的浪费。通过对馆藏资源的优化，图书馆可以更好地为读者的学习和研究提供支持。此外，通过预测趋势，图书馆可以前瞻性地规划和调整服务策略，确保始终与读者的需求相匹配。当然，这需要图书馆对读者需求和行为的变化进行敏锐地观察和分析，从而预测未来的趋势和需求。这种预测不仅有助于提高图书馆的服务质量，还能为其未来的发展提供有力的支持。总之，大数据分析在图书馆中的应用不仅提高了图书馆的运营效率，更为读者带来了更为便捷、贴心的服务体验。这种应用不仅需要图书馆具备专业的数据分析能力，还需要其对读者需求有深入的了解和关注。只有这样，才能真正实现图书馆与读者的相互促进和共同发展。为了更好地应用大数据分析，图书馆需要不断加强自身的数字化建设，提高数据处理和分析能力。同时，还需要积极与读者进行沟通和互动，了解其需求和反馈，以便更好地为其提供个性化、精准的服务。此外，图书馆还需要不断加强与学术界、行业界的合作与交流，共同探讨和研究大数据分析在图书馆中的应用和发展趋势。

### 三、知识发现在图书馆中的实践

（一）关联推荐

在图书馆中，关联推荐是一个重要的知识发现应用场景。通过分析用户的借阅记录，可以发现不同书目、主题之间的关联关系。这种关联可以是基于内容相似性的，例如同一作者、同一主题或同一系列的书籍；也可以是基于

用户行为的，例如借阅了某本书的读者还借阅了哪些其他书籍。通过建立这些关联关系，图书馆可以为用户提供更加个性化、精准的阅读推荐。当读者借阅或浏览某本书时，系统可以自动推荐与其兴趣相关的其他书籍，从而帮助读者发现更多感兴趣的资源，提升阅读体验。

（二）学术趋势

图书馆作为学术资源的重要聚集地，拥有大量的学术论文和期刊数据。通过对这些数据进行深入分析可以发现学术界的研究热点和趋势。例如，利用文本挖掘和计量学方法，可以分析论文的引用关系、关键词频次、作者合作网络等，揭示出某一领域的研究前沿和演进路径。这种学术趋势分析可以为学术研究者提供决策支持，帮助他们把握学术动态、规划研究方向，促进学术创新和知识进步。

（三）文化传承与挖掘

图书馆中保存了大量的古籍和历史文献，这些珍贵的资料承载着丰富的文化遗产和历史信息。通过数据挖掘和文本分析技术，可以对这些古籍和文献进行深入挖掘，发现其中的文化价值和历史规律。例如，可以通过对古籍中的词汇、主题、人物等进行统计和分析，揭示某一历史时期的社会风貌、文化特点，或者追踪某一文化现象的起源和发展轨迹。这种文化传承与挖掘不仅可以为学术界提供新的研究视角和思路，也可以帮助更多人了解和传承自己的文化传统，增强文化自信。

## 第三节　虚拟现实与增强现实技术

随着技术的飞速发展，虚拟现实（VR）和增强现实（AR）技术逐渐渗透到各个领域。图书馆，作为知识的殿堂，也开始尝试引入这些新技术，为读者带来更加丰富、沉浸式的阅读体验。

## 一、虚拟现实（VR）技术在图书馆的应用

### （一）虚拟导览

在图书馆中，虚拟导览利用 VR 技术为读者提供了一种全新的参观方式。传统的图书馆导览可能受限于时间、人力或物理空间，而 VR 导览则打破了这些限制。读者可以通过头戴式显示器和手持控制器，自由地在图书馆的各个区域进行浏览。这种导览方式不仅可以展示图书馆的实际布局，还能通过图形、文字、音频等方式详细介绍每个区域的功能和特点。对于新读者，虚拟导览能够帮助他们快速熟悉图书馆的环境和服务，提高他们使用图书馆的效率。而对于远程用户或身体不便的读者，虚拟导览则提供了一个在家中也能参观图书馆的机会，从而极大地拓宽了图书馆的服务范围。

### （二）历史重现

历史重现是 VR 技术在图书馆中的另一重要应用。图书馆拥有丰富的历史文献和资料，通过 VR 技术，这些历史资料可以被赋予新的生命。例如，古代的书院、图书馆等历史场景，可以通过 VR 技术进行重建，使读者能够亲身体验古代的学习环境，感受那时的氛围。

这种历史重现不仅增加了读者对历史和文化的了解，而且为学术研究提供了一个宝贵的工具。学者可以通过 VR 技术，更加直观地研究历史文献，发掘其中的价值。

### （三）阅读体验

VR 技术为阅读体验带来了革命性的变革。传统的阅读方式是基于文本的，而利用 VR 技术，读者可以"进入"书中描述的场景，身临其境地体验故事的内容。例如，当读者读到一本描述古代城市的书籍时，通过 VR 眼镜，他们可以看到这座城市的复原模型，感受城市的布局、建筑和文化。这种沉浸式的阅读体验，不仅能够增加读者的阅读兴趣，还能帮助他们更加深入地

理解书中的内容。在教育领域，这种阅读方式更具潜力，可以更加直观、生动地教授知识，提高学习效果。

总之，VR 技术在图书馆中的应用为读者带来了前所未有的体验，从虚拟导览、历史重现到沉浸式阅读体验，这些应用都展示了技术与文化的完美结合，为图书馆的未来发展开拓了新的可能性。

## 二、增强现实（AR）技术在图书馆的应用

（一）书籍增强

在传统阅读中，读者主要是通过文字和图片获取信息，而 AR 技术为书籍注入了新的活力。当读者使用 AR 技术扫描书中的某个图片或段落时，他们能够获取额外的背景信息、注解、3D 模型、视频、音频等内容。例如，读者在阅读一本关于古代建筑的书籍时，通过 AR 技术，他们可以在手机或平板上看到这些建筑的 3D 模型，甚至可以旋转、放大模型，观察建筑的每个细节。此外，与这些模型相关的视频和音频解说也可以为读者提供更加深入和全面的理解。这种书籍增强的方式，不仅丰富了读者的阅读体验，还提高了学习的效果。特别是对于学术性较强的书籍，AR 技术可以为读者提供直观的辅助材料，帮助他们更好地理解和吸收知识。

（二）互动学习

图书馆一直是学习和教育的场所，而 AR 技术为图书馆的教育活动注入了新的互动性。利用 AR 技术，图书馆可以设计各种与书籍内容相关的互动游戏。这些游戏可以是基于位置的，也可以是基于识别图像的。例如，当读者在阅读一本关于动物的百科全书时，图书馆可以设计一个 AR 游戏，让读者在图书馆内寻找并识别各种动物，然后通过 AR 技术展示这些动物的 3D 模型和信息。这种互动学习方式，不仅能够吸引孩子们的兴趣，还可以加深他们对知识的记忆和理解。同时，对于成年人，这种寓教于乐的方式也可以为他们的学习带来新鲜感和乐趣。

## （三）导览服务

与 VR 技术的导览服务相比，AR 导览服务更加注重与真实环境的融合。通过 AR 技术，图书馆可以为读者提供实时的、与真实环境相结合的导览信息。例如，当读者走进图书馆的某个区域时，他们的手机屏幕上可以弹出这个区域的介绍、开放时间、服务内容等信息。这些信息可以与读者当前的位置和视角完美匹配，使得导览更加直观和便捷。此外，对于视觉障碍的读者，AR 导览服务还可以提供语音提示，帮助他们更加轻松地在图书馆内导航。

总之，AR 技术在图书馆中的应用为读者提供了更加丰富、直观和互动的阅读和学习体验，从书籍增强、互动学习到导览服务，AR 技术都与图书馆的日常服务紧密结合，进一步提升了图书馆的教育和服务职能。

# 第五章　数字化服务创新

## 第一节　数字化参考咨询与服务

在数字化时代，参考咨询服务经历了巨大的变革。传统的参考咨询主要依赖图书馆工作人员的专业知识和经验来回答用户的问题，然而随着信息量爆炸式的增长，这种传统方式逐渐显示出其局限性。为了应对这一挑战，数字化参考咨询与服务应运而生，它汇聚了大数据、人工智能等先进技术的力量，为用户提供更加准确、高效和个性化的服务。

### 一、智能搜索引擎

智能搜索引擎是数字化参考咨询的核心组件之一，它与传统的搜索引擎有所不同。传统的搜索引擎基于关键词匹配，而智能搜索引擎则通过先进的算法和机器学习技术，能够理解用户的查询意图，并返回更为准确的结果。智能搜索引擎的核心技术包括自然语言处理（NLP）、机器学习和人工智能等。这些技术可以帮助搜索引擎更好地理解用户的查询意图，从而提供更准确的搜索结果。例如，当用户输入一个查询时，智能搜索引擎会第一时间对查询语句进行分析，以了解用户的查询意图。这可以帮助搜索引擎排除与查询意图不相关的信息，从而提高搜索的准确性。除了理解用户的查询意图外，智能搜索引擎还可以根据用户的搜索历史和行为，为用户提供个性化的搜索建议。这种个性化搜索建议功能可以帮助用户更快地找到所需的信息，同时提高搜索效率。例如，如果一个用户在之前的搜索中经常查询关于某个主题的信息，智能搜索引擎会根据这些历史数据为用户提供与该主题相关的搜索建议。智能搜索引擎的另一个优点是它可以为用户提供更为全面的搜索结果。

传统的搜索引擎往往只返回与查询词直接相关的结果，而智能搜索引擎则可以根据用户的行为和搜索历史，为用户提供更为全面的搜索结果。例如，当用户搜索一个概念时，智能搜索引擎会返回与该概念相关的所有信息，包括定义、例子、应用等。智能搜索引擎的应用范围非常广泛。例如，在图书馆参考咨询系统中，智能搜索引擎可以帮助图书馆工作人员更好地解答用户的问题。在图书馆和政府机构的客服系统中，智能搜索引擎可以帮助客服人员快速地解决用户的问题。此外，智能搜索引擎还可以应用于医疗、教育等领域，帮助医生和教育工作者更好地解答患者和学生的问题。

在数字化参考咨询的过程中，数据挖掘和分析已经成为不可或缺的重要一环。图书馆作为知识的海洋，拥有着海量的用户行为数据、借阅历史以及资源使用记录等信息。通过应用数据挖掘和分析技术，对这些数据进行深入的探索和理解，就可以精准地掌握用户的需求和兴趣，为用户提供更为个性化、贴心的资源推荐和服务建议。比如说，基于用户的借阅历史，图书馆可以运用数据挖掘技术对用户的阅读偏好进行分析和比对，从而找出与其兴趣相似的书籍或研究资料，并向其进行推荐。这样不仅能够激发用户对阅读的兴趣，还能帮助其拓宽视野、增长知识。同时，通过分析用户的查询行为，图书馆可以不断优化搜索引擎的算法，提高搜索结果的准确性和满意度，使用户在查找资料时能够更加高效、便捷地获取所需信息。数据挖掘和分析在图书馆数字化参考咨询中的运用，不仅能够提高服务质量和效率，还能够为图书馆的资源采购、库存管理以及读者服务等方面提供有力的支持。例如，通过对各类资源的借阅次数、使用频率等数据的分析，图书馆可以合理配置资源，减少采购浪费；根据读者查询行为的分析结果，图书馆可以改进服务流程，提高读者满意度；通过深入挖掘用户兴趣数据，图书馆可以更好地了解用户需求，为其提供更为精准的个性化推荐服务。此外，数据挖掘和分析还可以帮助图书馆更好地进行读者教育和培训。通过对用户的学习进度、学习偏好等数据的分析，图书馆可以制定出更加符合用户需求的培训课程和学习计划，提高用户的学习效果和满意度。

数字化参考咨询在当今的图书馆服务中扮演着越来越重要的角色，它不

仅提供了传统的参考咨询方式，还通过实时在线咨询和问答机器人的服务方式，满足了用户多样化的需求。

实时在线咨询是一种非常人性化的服务方式，它允许用户与图书馆工作人员或其他专家进行即时交流，解答疑问和获取所需的知识。这种服务方式使得图书馆工作人员可以更加灵活地为用户提供帮助，同时也增强了用户与图书馆之间的互动和联系。实时在线咨询的优点在于它的即时性和互动性，使得用户可以在第一时间获得所需的帮助。而问答机器人是基于自然语言处理技术的一种服务方式，它能够理解并回答用户的问题。这种服务方式不仅提供了及时的响应，还能够处理大量的用户查询，从而减轻了图书馆工作人员的工作负担，提高了服务效率。同时，它还可以通过不断学习和训练来提高自己的回答准确率，为用户提供更好的服务体验。数字化参考咨询的优点在于它的多样性和效率。实时在线咨询和问答机器人的服务方式为用户提供了更加便捷、快速和准确的服务。这种服务方式不仅可以满足用户的多样化需求，还可以提高图书馆工作人员的工作效率和服务质量。此外，数字化参考咨询还可以通过数据分析和挖掘来了解用户的需求和行为习惯，从而更好地为用户提供个性化的服务。例如，通过对用户咨询问题的分析和归纳，可以发现用户关注的热点和趋势，从而为图书馆的资源建设和服务提供参考。

数字化参考咨询与服务是图书馆领域的一种创新模式，它借助先进的技术手段，将智能搜索引擎、数据挖掘与分析、实时在线咨询与问答机器人以及协作与社交功能等融入其中，为图书馆发展带来了前所未有的机遇和挑战。第一，数字化参考咨询通过智能搜索引擎，能够快速、准确地帮助用户获取所需的信息。这种搜索引擎不仅具备传统搜索引擎的文本搜索功能，还能够根据用户的行为和需求进行智能推荐，使得信息获取更加高效和个性化。第二，数据挖掘与分析技术的应用，使得图书馆能够从大量的用户行为数据中提取有价值的信息。这些信息可以帮助图书馆了解用户的需求和偏好，从而提供更加精准的咨询服务。例如，图书馆可以通过分析用户的搜索历史和浏览行为，了解用户对哪些领域或主题感兴趣，然后主动向用户推送相关的资源和服务。第三，实时在线咨询和问答机器人的应用，使得图书馆能够在任何时间、任何地点为用户提供及时的帮助。用户只需通过在线平台或社交媒体提出自己的问题，机器人就能够迅速回答；如果机器人无法回答的问题，还可以由图书馆工作人员进行人工解答。这种实时的互动方式不仅提高了咨询的效率，还增强了用户与图书馆之间的联系。第四，数字化参考咨询还融入了协作与社交功能，促进了用户之间的交流与合作。用户可以通过在线平台和社交媒体分享资源、交流学习心得，并共同解决问题。图书馆工作人员也可以作为促进者，引导用户参与讨论、组织在线活动等，营造良好的学术氛围和社群互动。这种互动方式，不仅有助于提高用户的参与度和满意度，还有助于促进知识的传播和共享。

## 二、数据挖掘与分析

### （一）数据来源与种类

在图书馆的世界中，数据挖掘与分析扮演着重要的角色。这些数据来源广泛且丰富，主要包括用户行为数据、借阅历史、资源使用记录、电子资源访问记录、用户反馈等。每一种数据都能够为图书馆提供不同角度的用户画像和行为模式，为优化服务提供有力的支持。第一，用户行为数据是图书馆了解用户需求和行为模式的重要来源。通过分析用户在图书馆内的活动轨迹、借阅习惯、搜索历史等，图书馆可以深入了解用户的阅读兴趣、需求和偏好。这些信息可以帮助图书馆工作人员更好地为用户提供个性化推荐和服务，提高用户满意度。第二，借阅历史和资源使用记录也是图书馆数据挖掘的重要内容。通过分析这些数据，图书馆可以了解哪些资源最受欢迎，哪些资源的使用率较低。这些信息有助于图书馆优化资源采购和布局，提高资源的利用率和用户满意度。此外，电子资源访问记录也是图书馆数据挖掘的重要来源。通过分析用户对电子资源的访问次数、频率和时长等数据，图书馆可以了解用户的阅读习惯和需求，为优化数字资源服务提供依据。第三，用户反馈也是图书馆数据挖掘的重要内容。通过收集和分析用户的反馈意见和建议，图书馆可以了解自身的服务质量和不足之处，从而有针对性地改进和优化服务。

## （二）数据挖掘技术

在这个数字化快速发展的时代，图书馆不再仅仅是一个提供书籍和期刊的场所，而是一个信息海洋，为读者提供着各种形式的信息资源。在这个过程中，数据挖掘技术无疑发挥着关键的作用。通过聚类分析、关联规则挖掘、分类预测等方法，图书馆能够从海量的数据中提炼出有价值的信息，进一步优化服务，满足读者的需求。聚类分析是一种将数据根据某种特征或相似性进行分类的方法。在图书馆领域，聚类分析可以应用于对用户群体的细分。根据用户的借阅历史和行为，图书馆可以将用户分为不同的群体，比如学术研究者、青少年读者、职场人士等。这样，图书馆可以更加精准地为目标用户提供服务，满足他们的特定需求。例如，对于学术研究者，图书馆可以提供更为专业的学术资料和数据库；对于青少年读者，则可以推荐适合他们年龄段的书籍和活动。关联规则挖掘是一种发现数据之间隐藏的关联关系的方法。在图书馆领域，关联规则挖掘可以应用于发现不同书籍、资料之间的关联。通过分析用户的借阅记录，图书馆可以发现某些书籍或资料经常一起被借阅，从而为用户提供相关的推荐。例如，如果用户借阅了一本关于古代历史的书，系统可以推荐其他用户同时借阅的关于古代文化的书籍。这样，不仅可以帮助读者找到他们可能感兴趣的书籍，还能提高图书馆的资源利用率。分类预测是一种根据已知数据来预测未来结果的方法。在图书馆领域，分类预测可以应用于预测用户可能的未来行为或兴趣。通过分析用户的历史数据，如借阅记录、搜索历史等，图书馆可以预测用户可能感兴趣的书籍或资料，从而提前为用户准备相应的资源和服务。例如，如果一个用户在过去的一段时间内经常借阅关于编程的书籍，系统可以预测该用户可能对新的编程书籍感兴趣，从而提前为他预订这类书。这样，当此类书出版时，该用户会立即收到通知并借阅。除了以上提到的聚类分析、关联规则挖掘和分类预测等方法外，数据挖掘技术在图书馆领域还有许多其他的应用。例如，图书馆可以利用数据挖掘技术优化馆藏资源布局、提高文献检索效率、加强读者服务等。这些技术的应用，可以帮助图书馆更好地满足读者的需求，提高服务质量。

## （三）数据驱动的个性化服务

数据挖掘与分析在图书馆中的应用已经越来越广泛，它为图书馆提供了更为个性化的资源推荐和服务建议。通过深入挖掘和分析用户的行为数据，图书馆可以更好地了解用户的兴趣和需求，从而为用户提供更为精准的资源推荐和服务。第一，基于用户的借阅历史和浏览行为，数据挖掘可以为用户推荐与其兴趣和需求相匹配的资源。这种推荐可以体现在图书馆的网站、移动应用或其他服务渠道上。通过分析用户的浏览记录和借阅历史，图书馆相关工作人员可以了解用户的阅读兴趣和偏好，从而为其推荐相关的资源。这种个性化的推荐服务能够提高用户的满意度和忠诚度，同时也能提高图书馆资源的利用率和借阅率。第二，数据挖掘还可以帮助图书馆优化服务。通过分析用户的查询行为和反馈数据，图书馆可以及时发现服务中的不足和问题，进而进行改进。例如，如果发现大多数用户对某一类资源的搜索体验不佳，图书馆可以及时优化搜索引擎的算法，提高该类资源的搜索准确性和用户体验。此外，通过分析用户的反馈数据，图书馆可以了解用户对服务的评价和建议，从而有针对性地改进服务质量和提升用户满意度。为了更好地实现数据挖掘与分析在图书馆中的应用，图书馆需要建立完善的数据采集和分析系统。这个系统应该能够全面地采集用户的借阅记录、浏览行为、查询行为等数据，并利用数据挖掘和分析技术对数据进行处理和分析。通过不断优化数据采集和分析系统，图书馆可以更好地了解用户的兴趣和需求，从而为用户提供更为精准的资源推荐和服务。

## （四）伦理与隐私考量

在进行数据挖掘和分析的过程中，图书馆必须充分认识到用户隐私和伦理问题的重要性。为了确保用户的隐私权得到保护，图书馆需要采取一系列措施。第一，图书馆必须严格遵守相关法律法规。在收集和使用用户数据时，必须事先征得用户的同意，并确保数据的保密性和安全性。同时，图书馆还应当建立完善的数据管理制度，确保数据的合法性和规范性。第二，图

书馆应当公开其数据收集和使用政策，用户有权知道自己的数据是如何被使用和保护的。图书馆应当通过官方网站、宣传册等多种渠道向用户宣传其数据管理政策，以便用户能够更好地了解自己的权益和隐私保护措施。此外，图书馆还应当加强对用户数据的保护，对于用户的个人信息和借阅记录等敏感信息，图书馆应当采取加密、匿名化等措施，确保数据不被非法获取和利用。同时，图书馆还应当建立完善的安全监测机制，及时发现并应对网络安全事件。第三，图书馆应当重视与用户的沟通和互动。通过与用户进行沟通和交流，了解用户的需求和反馈，不断改进和优化数据管理和使用政策。同时，图书馆还应当积极开展用户教育和培训，增强用户的数据意识和隐私保护能力。

总之，随着科技的飞速发展，数据挖掘和分析在图书馆中的应用已经逐渐深入，且未来还将更加广泛。通过结合大数据、人工智能等先进技术，图书馆能够更加精准地为用户提供个性化服务，进而提升用户满意度和忠诚度。第一，图书馆可以利用大数据技术对用户的行为、兴趣、需求等方面进行深入挖掘和分析。例如，通过分析用户的借阅记录、搜索历史等数据，图书馆可以了解用户的阅读偏好和需求，从而为其推荐更加合适的书籍或资料。此外，图书馆还可以通过数据挖掘和分析，对用户的借阅行为进行预测，提前做好服务准备，提高用户满意度。第二，人工智能技术的应用也将为图书馆提供更多智能化服务。例如，利用人工智能技术对图书进行自动分类、编目等处理，可以大大提高图书馆的图书管理效率。同时，人工智能还可以通过自然语言处理等技术对用户的咨询和提问进行智能回复，减少人工服务的时间和成本。然而，随着数据挖掘和分析的深入应用，图书馆也面临着越来越多的伦理和法律问题。例如，用户的个人信息和隐私数据的安全性如何保障？如何确保数据挖掘和分析的合法性和公正性？因此，图书馆需要在数据挖掘和分析中更加注重伦理和法律问题，确保服务的合法性和公正性。

### 三、实时在线咨询与问答机器人

（一）实时在线咨询

实时在线咨询是一种便捷的服务方式，作为数字化参考咨询的一部分，它为用户提供了一个即时与图书馆工作人员或其他专家交流的平台。这种服务方式具有以下特点：第一，它具有即时性。用户无需等待，可以及时提出问题或疑虑，得到快速的解答。这种即时性使得用户能够快速获取所需的信息，提高了解决问题的效率。第二，实时在线咨询允许用户与真实的人进行交互，而不是与机器人进行交流。这种交互方式更加自然，能够处理更为复杂和抽象的问题。通过与专业人士的直接交流，用户能够获得更加准确和专业的建议和帮助。此外，图书馆工作人员通常具有专业的图书情报知识，他们可以提供深入的资源推荐、检索策略指导以及学术规范建议等。这种专业知识支持能够为用户提供更加全面和可靠的信息和建议。实时在线咨询可以通过各种方式实现，如嵌入图书馆的网站、移动应用中的聊天窗口，或者通过专门的在线会议和视频通话工具进行。这些不同的咨询方式使得用户能够随时随地获得帮助和支持。

（二）问答机器人

随着科技的飞速发展，自然语言处理技术已经深入到各个领域，为人们的生活带来极大的便利。其中，问答机器人以其 24 小时全天候的工作优势，正在逐渐取代实时在线咨询的传统方式。问答机器人基于自然语言处理技术，能够自动理解和回答用户的问题。这种服务方式具有以下显著优势：第一，问答机器人具有 24 小时的可用性。它们可以全天候工作，不受时间限制，确保用户随时都能得到答复。无论是深夜还是凌晨，用户只需向机器人提出疑问，机器人就能及时回复，为用户提供及时的帮助。第二，问答机器人能够处理大量查询。不同于实时在线咨询，机器人可以同时处理多个用户的查询，不会因为查询量的增加而影响服务质量。这一特点使得机器人在处理大

量用户咨询时具有显著优势，大大提高了工作效率。此外，通过预设的答案库和算法，问答机器人可以确保答复的一致性和准确性。当用户提出相同或类似的问题时，机器人会从预设的答案库中提取最合适的答案，避免了因工作人员不同而导致答复不一致的现象。为了实现高效问答，问答机器人结合了多种技术，其中最关键的是自然语言理解（NLU），它帮助机器人理解用户的查询意图。通过分析用户的语言，机器人能够准确地把握问题的核心，从而提供准确的答复。此外，信息检索技术也发挥了重要作用，机器人可以从庞大的数据库或其他资源中查找相关信息，为用户提供全面的解答。除了上述技术外，机器学习也为问答机器人的高效运作提供了支持。通过不断的学习和优化，机器人答复的准确性和用户满意度得到了显著提高。随着数据的积累和技术的进步，问答机器人的性能将不断提升，为人们提供更加优质的服务。

（三）结合实时在线咨询与问答机器人

实时在线咨询与问答机器人在图书馆的数字化参考咨询服务中扮演着越来越重要的角色。它们并不是互斥的，而是可以相互补充，为图书馆的数字化服务增添新的维度。一方面，问答机器人可以处理大部分的常见问题，快速响应用户的咨询，减轻了图书馆工作人员的工作负担。同时，它们的回答还可以不断完善，提高其答复质量，从而为用户提供更准确、更有用的信息。另一方面，当问答机器人无法回答用户的问题时，可以自动转接给在线的图书馆工作人员进行解答。图书馆工作人员可以实时与用户交流，了解用户的需求和问题，提供针对性的解答和建议。这种实时交流不仅可以提高服务的效率和响应速度，还可以进一步确保用户得到高质量、个性化的帮助和建议。此外，图书馆工作人员还可以根据与用户的实时交流，不断完善问答机器人的答案库，提高其答复质量。通过这种方式，问答机器人可以不断学习和成长，更好地适应用户的需求和变化。

## 四、协作与社交功能

### （一）用户间的协作与交流

在数字化时代，图书馆已经不再仅仅是一个静态的信息存储和检索场所，而是一个动态的知识分享与协作的平台。在这个平台上，用户不再是被动的信息接收者，而是成为信息的创造者和传播者。这种转变不仅丰富了图书馆的服务内容，也使得图书馆在用户交流和合作中发挥着更加重要的作用。第一，图书馆通过融入协作与社交功能，使数字化参考咨询得到了极大的发展。这种参考咨询不再仅仅是图书馆员与用户的单向交流，而是成为用户之间的双向互动。用户可以在这个平台上分享自己的学术资源，如研究报告、笔记、参考文献等，使得这些资源能够得到更充分的利用。同时，这种共享也鼓励了用户之间的互助与交流，他们可以在平台上互相学习、解决问题，形成一个良好的学术社区。第二，图书馆提供的在线平台也为用户创造了一个学术交流的空间。在这个空间里，用户可以分享自己的学习心得、体会和方法，也可以对其他用户的学习成果进行评价和讨论。这种学术交流不仅能够激发更多的学术思考与讨论，还可以帮助用户更好地理解和掌握知识。通过这个平台，用户可以发现自己的兴趣所在，也可以了解其他用户的关注点和学习需求，从而更好地促进学术交流和合作。第三，图书馆的社交平台也为用户提供了一个共同解决问题的平台。当用户遇到学术或研究上的难题时，可以通过这个平台发起讨论，邀请其他用户共同参与。通过集思广益，用户可以更高效地解决问题，也可以获得更多的思路和方法。这种共同解决问题的方式，不仅提高了用户的学习效率，也增强了用户之间的合作关系。

### （二）图书馆员的促进角色

在当今这个信息爆炸的时代，图书馆员的角色已经发生了巨大的转变：他们不仅是信息的提供者和咨询服务的执行者，更是协作与社交功能的积极推动者，起着关键的促进作用。

第一，图书馆员在引导讨论方面发挥着至关重要的作用。他们可以围绕特定的学术主题组织在线讨论，邀请专家和用户共同参与，分享彼此的知识和经验。这种讨论为学术交流和知识分享提供了一个平台，使得参与者能够相互学习、相互启发，进一步拓宽自己的学术视野。

第二，图书馆员还积极组织在线活动，如线上讲座、研讨会、工作坊等。这些活动为广大的用户提供了一个展示自己研究成果、分享经验和知识的机会。通过这些活动，用户们可以相互了解、相互学习，共同提高自己的学术水平。同时，这些活动也为图书馆吸引更多的用户提供了有力的支持。此外，图书馆员还可以通过营造学术氛围来推动学术交流活动的开展。他们通过鼓励和推动学术交流活动，营造一个积极向上、互助合作的学术氛围，使得参与者能够感受到浓厚的学术气息。在这种氛围下，用户们更愿意参与到学术交流活动中来，从而增强了图书馆的学术吸引力和影响力。

为了更好地发挥图书馆员在协作与社交功能中的促进角色，还需要不断加强他们的专业素养和社交能力。图书馆员需要不断学习和掌握新的信息技术和知识管理技能，以便更好地为用户提供优质的信息服务和学术交流平台。同时，他们还需要具备良好的社交能力和沟通技巧，以便更好地与用户进行互动和交流，及时了解用户的需求和反馈，不断改进和优化服务。

## 第二节　虚拟图书馆与在线学习支持

### 一、虚拟图书馆的特点与优势

#### （一）多样化的数字资源

全面性：虚拟图书馆的数字资源库涵盖了众多学科领域，从自然科学到社会科学，从人文艺术到工程技术，林林总总，不一而足。这就好比一座大型的学术资源超市，用户在这里可以找到自己所需的各种学术资源，无论是论文、书籍、期刊，还是多媒体资料，都可以轻松获取。这种一站式的服务模式，能够极大地节省用户寻找资源的时间和精力，让学术研究变得更加便捷、高效。

更新迅速：这是虚拟图书馆相较于传统图书馆的另一大优势。在传统的图书馆中，由于受物理条件的限制，更新资源需要一定的时间，往往新书、新论文到货的速度比较慢。而虚拟图书馆则不存在这样的问题，只要有新的研究成果、学术论文、电子书籍等资源出现，就可以在第一时间加入虚拟图书馆的资源库中。这样，用户就可以轻松地接触到最前沿的学术资料，把握学术动态的脉搏。

这种迅速更新的机制，使得虚拟图书馆始终保持着新鲜活力，不断吸引着广大的用户群体。无论是学者、学生，还是教师、研究人员，都可以在这里找到自己所需的最新的学术资源。而这种资源的更新速度，也是传统图书馆所无法比拟的。因此，选择虚拟图书馆，就是选择了与时俱进的知识获取方式。

（二）先进的检索系统

高效检索：在虚拟图书馆中，用户可以享受到高效检索的便利。这得益于先进的检索算法，它可以根据用户提供的关键词、作者、出版日期等多种方式，快速定位到所需的资源。这种高效检索功能不仅节省了用户的时间，也使得查找资料的过程更加精准和可靠。

智能推荐：虚拟图书馆不仅具备高效检索功能，还能够根据用户的搜索历史和浏览行为，智能推荐相关资源。这种智能推荐功能进一步提高了用户查找资料的效率，因为它能够根据用户的兴趣和需求，为用户推荐他们可能感兴趣的资源。这种个性化的推荐服务使得用户在查找资料的过程中更加得心应手，同时也增强了用户对虚拟图书馆的信任感和满意度。

除了高效检索和智能推荐功能外，虚拟图书馆还具备其他优势。例如，它可以提供24小时不间断的服务，用户可以在任何时间、任何地点访问虚拟图书馆的资源。此外，虚拟图书馆还具备强大的数据库和多样化的资源类型，包括电子书籍、期刊论文、研究报告等，可以满足用户的各种需求。

## （三）个性化的用户体验

界面定制：用户个性化需求的满足。在数字时代，定制化的界面设计已经成为用户体验的重要一环。在虚拟图书馆中，用户可以根据自己的喜好和需求，轻松地调整界面元素，如字体大小、主题颜色、背景图片等。这种个性化的设置可以使得用户更加舒适地进行学习和研究，提高效率。

以字体大小为例，对于需要长时间阅读的用户来说，调整字体大小可以减轻眼睛的疲劳感。而对于那些视力稍有减退的用户来说，更大的字体无疑会更加友好。此外，不同的主题颜色和背景图片也可以帮助用户更好地集中注意力，提高学习效率。

互动元素：增强学习互动性和参与度。虚拟图书馆不仅是一个提供信息资源的平台，更是一个用户交流和互动的空间。通过嵌入笔记、标签、评论等功能，用户可以在阅读和学习过程中与他人进行交流，分享自己的见解和体验。这种互动不仅可以增强学习的互动性和参与度，还可以帮助用户更好地理解和掌握知识。例如，在阅读一本书的过程中，用户可以在虚拟图书馆中记录下自己的想法和感悟，或者对书中的某个观点进行评论。这些笔记和评论不仅可以被其他用户看到和作出回应，还可以成为其他用户学习的参考。此外，标签功能可以帮助用户更好地组织和查找资源，提高学习的效率。

## （四）环境保护与成本节约

节能减排：虚拟图书馆的环保贡献。随着科技的飞速发展，阅读习惯也在不断地改变，其中最明显的变化之一就是虚拟图书馆的出现。虚拟图书馆以其独特的优势，减少了纸质书籍和资料的生产、运输和存储，从而减少了纸张消耗和相关的碳排放，为环境保护作出了显著的贡献。

第一，传统的实体图书馆往往需要大量的纸质书籍和资料来满足读者的需求。然而，这些书籍在生产过程中需要消耗大量的树木，导致森林资源的减少。同时，运输和存储这些书籍也会产生大量的碳排放，对环境造成负面影响。而虚拟图书馆通过电子化的方式存储书籍和资料，无需纸张印刷，从而有效地减少了树木的消耗和碳排放。

第二,虚拟图书馆的另一个环保优势是节省能源。实体图书馆需要经常进行书籍的运输、存储和管理,这些过程都需要消耗大量的能源。相比之下,虚拟图书馆的电子化存储和管理方式能够大大减少能源的消耗,从而降低对环境的影响。

除了对环境的贡献,虚拟图书馆还为用户带来了许多实实在在的好处。对于用户来说,虚拟图书馆省去了往返实体图书馆的时间和交通费用。同时,用户也无需担心书籍的损坏或遗失,因为虚拟图书馆可以随时提供备份。更重要的是,虚拟图书馆的电子化资料也节省了购买纸质书籍的开支,使得用户能够更加便捷地获取所需信息。此外,虚拟图书馆还具有无限的存储空间。传统的实体图书馆往往受到空间限制,无法收藏所有的书籍和资料。然而,虚拟图书馆的电子化存储方式使其能够容纳海量的信息,从而满足读者的各种需求。这种无限的空间也为环保事业作出了贡献,因为它避免了为存储书籍而建造更多的实体建筑。

虚拟图书馆的出现是科技与环保的完美结合。它通过电子化的方式减少了纸张消耗、碳排放和能源消耗,为环境保护作出了积极的贡献。同时,虚拟图书馆也为用户带来了便利和节省开支的好处。在这个日益重视环保的社会里,有理由相信,虚拟图书馆将在未来的发展中发挥更加重要的作用。

为了进一步推动虚拟图书馆的发展和环保事业的进步,应该加大对虚拟图书馆的宣传和教育力度。让更多的人了解虚拟图书馆的优势和环保价值,从而积极参与到这个环保行动中来。此外,政府和社会各界也应该提供更多的支持和鼓励措施,例如给予虚拟图书馆建设和运营的补贴、奖励等,以促进虚拟图书馆事业的发展和壮大。

(五)促进学术合作与交流

无国界交流:虚拟图书馆打破了地理障碍,让全球的学者和研究人员都能够在这个平台上交流学术观点、分享研究成果。这种交流方式不仅有助于促进学术的进步和发展,还能够让不同地域、不同学科的学者们相互了解、相

互学习，进一步拓宽自己的学术视野和知识面。

合作机会：通过虚拟图书馆，用户可以轻松找到志同道合的合作伙伴，共同开展跨地域、跨学科的学术合作项目。这种合作方式不仅能够提高学术研究的水平和质量，还能够让学者们更好地发挥自己的优势和特长，实现资源共享和优势互补。例如，一位亚洲的学者可以通过虚拟图书馆与一位美国的学者合作，共同开展一项涉及文化差异的研究项目。他们可以在平台上共享文献资料、交流研究成果，甚至可以通过视频会议的方式进行面对面的交流，这样的合作方式无疑能够提高研究的效率和水平。此外，虚拟图书馆还提供了丰富的学术资源和服务，包括各类学术期刊、会议论文、研究报告等，这些资源和服务都能够为学者们提供更好的学术交流和合作机会。

## （六）增强学习与研究的便利性

### 1. 随时随地地学习

在快节奏的现代社会中，人们越来越重视时间的利用和效率的提升。传统的图书馆往往受到时间、地点的限制，而虚拟图书馆则打破了这些束缚，让用户能够在任何时间、任何地点进行学习和研究。无论是清晨还是夜晚，无论是在家还是在旅途中，只要用户拥有互联网，他们就可以随时访问虚拟图书馆，获取丰富的知识资源。这种灵活性无疑为用户提供了更多的学习机会，也使得学习更加高效、便捷。

### 2. 丰富的辅助工具

虚拟图书馆不仅提供了海量的学习资源，还为用户提供了许多学习辅助工具。这些工具可以帮助用户更好地理解和掌握知识，提高学习效率。例如，在线笔记工具可以让用户在阅读文献时快速记录重要的观点和想法；翻译工具可以帮助用户更好地理解外文文献；文献管理工具则可以帮助用户组织和整理大量的文献资料；等等。这些辅助工具的应用，使得用户的学习和研究工作更加便捷、高效。

### 3. 全面的学习体验

虚拟图书馆还为用户提供了全面的学习体验。通过 VR 和 AR 等技术，用户可以身临其境地体验到一些难以亲身经历的学习场景。例如，医学专业的学生可以通过VR技术进行手术模拟操作，提高实际操作技能，增强手术经验。这种学习方式不仅新颖有趣，而且能够提高用户的学习兴趣和学习效果。

4.个性化学习

虚拟图书馆还为每个用户提供了个性化的学习体验。通过对用户的学习行为和习惯进行分析，虚拟图书馆可以向用户推荐适合他们的学习资源和学习方式。这种个性化推荐系统使得每个用户都能够根据自己的需求和兴趣进行学习，从而提高了学习的效果和满意度。

## 二、在线学习支持服务

（一）在线课程的多样性与深度

多样性：虚拟图书馆的在线课程如同一座宝库，从基础知识到进阶技能，应有尽有。这些课程犹如一座知识的大观园，包含了大学公开课、专业技能培训，以及大规模开放在线课程（MOOCs）等不同类型，为不同需求的用户提供了广泛的选择，无论是学生、教师、研究人员还是职场人士，都能在这里找到符合自己需要的课程。

权威性：虚拟图书馆的在线课程通常与顶尖的教育机构和专家合作，这使得课程内容具有高度的准确性和权威性。这些课程不仅是知识的传递，更是一种最前沿知识和最佳实践的引领。用户在学习的过程中，不仅能够获得知识，更能够接触到最新的学术研究和专家们的专业见解。

互动性：许多在线课程都配备了讨论论坛和在线作业，这为用户提供了一个与教师和同学互动的平台。在这个平台上，用户可以提问、分享观点，这种互动性不仅增强了学习的参与感，也使学习更具实效性。这种实时的互动学习方式，使得学习不再是一段孤独的旅程，而是一种集体的、互动的知识交流。

（二）学习指南的实用性与针对性

研究方法指导是学术研究中至关重要的环节。对于研究新手来说，掌握

正确的研究方法和技巧是必不可少的。选题、设计实验、收集和分析数据等都是研究过程中不可或缺的部分，而这些都需要经过系统学习和实践才能掌握。虚拟图书馆提供的研究方法指导可以帮助用户建立扎实的研究基础。在虚拟图书馆中，用户可以找到各种类型的研究方法指南，包括定量和定性研究方法、实验设计、数据分析和统计方法等。这些指南不仅提供详细的理论知识，还通过实例和案例分析帮助用户更好地理解和应用。

除了研究方法指导，虚拟图书馆还提供论文写作指导。写作是学术研究中非常重要的技能，良好的论文写作能力可以提高用户的论文质量和写作水平。在虚拟图书馆中，用户可以找到各种类型的论文写作指南，包括论文结构、写作技巧、文献引用等。这些指南不仅提供详细的写作规范和技巧，还通过实例和模板帮助用户更好地掌握论文写作的要领。学术规范是学术界中非常重要的准则，遵守学术规范可以避免学术不端行为，确保学术成果受到认可。虚拟图书馆提供的学术规范指导可以帮助用户了解引用格式、避免抄袭等，确保用户的学术成果符合学术规范要求。

总之，虚拟图书馆是一个非常有用的学术资源，可以帮助新手更好地掌握研究方法和技巧、提高论文写作能力。通过这些指导，用户可以更好地开展学术研究工作。

## （三）学术论坛的开放与互动

学术交流：学术论坛是一个开放的平台，用户可以在此发表自己的研究观点，分享研究心得，与他人进行学术交流，碰撞思想火花。

建立学术网络：通过学术论坛，用户可以结识志同道合的学者，建立自己的学术网络，为未来的学术合作打下基础。

活动的组织与参与：学术论坛还可以经常组织在线研讨会、学术竞赛等活动，为用户提供更多的学术参与机会。

## （四）在线辅导的专业性与即时性

虚拟图书馆已成为学术研究的重要工具，而在线辅导服务则是虚拟图书馆中不可或缺的一部分。这些在线辅导服务通常由各领域的专家提供，这些专家不仅具有深厚的学术背景，还有着丰富的实践经验。他们能够为用户提供权威、专业的指导和建议，这是传统咨询服务无法比拟的优势。即时响应是虚拟图书馆在线辅导服务的另一个显著特点。传统的咨询服务往往需要用户等待一段时间才能得到回复，而在线辅导服务则可以做到即时响应。用户可以随时向专家提问，无需等待，专家会尽快给出解答，这样用户就能尽快解决疑惑。这种即时性不仅提高了解决问题的效率，也增强了用户对虚拟图书馆的信任和依赖。

在线辅导服务不仅限于简单的答案提供，用户还可以与专家进行深度交流。这种深度交流让用户能够更全面地理解问题，不仅知其然，还知其所以然。通过与专家的探讨，用户可以了解问题的多个方面，从而获得更全面的理解。这种深度交流也使得用户能够在学术研究上取得更大的进步。为了支持在线辅导服务的有效性和权威性，一些虚拟图书馆还会对提供的服务和资源进行严格的质量控制和评估。这些评估标准通常包括服务的即时性、回答的准确性和专业性、用户满意度等方面。通过这些评估，虚拟图书馆能够不断优化在线辅导服务，为用户提供更好的学术支持和帮助。

### 三、促进自主学习与终身学习

在数字化时代，虚拟图书馆与在线学习支持服务的融合，不仅推动了教育的变革，更塑造了全新的学习方式。这种结合为用户打造了一个自主学习和终身学习的平台，使学习不再受时空的限制，让知识的探索变得更为自由和个性化。

（一）自主学习：以用户为中心的学习体验

随着大数据和人工智能技术的不断发展，个性化资源推荐已经成为虚拟图书馆的重要服务之一。通过分析用户的学习行为和习惯，虚拟图书馆能够为用户推荐与其兴趣和需求相匹配的学习资源，实现更加精准的个性化推荐服务。第一，虚拟图书馆可以利用大数据技术对用户的学习行为和习惯进行

分析。通过对用户在虚拟图书馆中的浏览历史、借阅记录、搜索历史等数据进行收集和分析，可以深入了解用户的学习偏好、学习需求和学习进度等信息。同时，还可以对用户的学习行为进行分类，识别出不同类型用户的学习特点和需求，为个性化推荐提供更加准确的数据支持。第二，基于人工智能技术的推荐算法可以为用户提供更加精准的资源推荐。通过构建用户兴趣模型和资源推荐模型，虚拟图书馆可以根据用户的学习偏好和需求，从海量学习资源中筛选出与用户兴趣和需求相匹配的资源进行推荐。同时，还可以根据用户的学习行为和反馈数据进行动态调整，不断优化推荐算法，提高推荐准确度和用户满意度。第三，虚拟图书馆可以为用户提供更加灵活的学习方式和资源形式。用户可以根据自己的学习目标和进度，灵活选择学习资源和学习方式。例如，可以选择在线课程、电子图书、音频书籍等不同类型的资源进行学习；可以选择自主学习、小组讨论、在线交流等不同的学习方式；还可以根据自己的时间安排学习进度，实现真正的自主学习。

## （二）终身学习：跨越时空的持续学习之旅

无时限学习：虚拟图书馆与在线学习支持服务打破了传统教育的时间限制，为学习者提供了 24 小时全天候的学习机会。无论是白天还是夜晚，无论是工作日还是周末，用户只需轻轻一点，便可进入这个庞大的知识库，开始自己的学习旅程。这种学习方式使人们可以根据自己的日程和需求来安排学习，从而使得学习更加灵活、高效。

持续更新：虚拟图书馆的资源不仅丰富多样，而且会随着学术研究的进展和时代的发展不断更新。这使得学习者能够接触到最新的知识和信息，满足了终身学习的需求。通过这种方式，学习者可以随时了解最新的学术动态、科技进展和社会发展趋势，从而更好地适应这个日新月异的世界。

这种无时限学习和持续更新的学习方式为人们提供了前所未有的便利。它不仅让学习变得更加灵活和高效，还使得人们能够更好地适应这个快速变化的社会。通过这种方式，人们可以根据自己的需求和兴趣来安排学习，从而使得自己的知识和技能得到不断提升。

此外，这种学习方式还有助于提高学习者的自主学习能力和终身学习能力。通过自主选择学习时间和学习内容，学习者可以更好地规划自己的学习路径，提高自己的学习效率。同时，由于虚拟图书馆的资源会不断更新，学习者也需要不断更新自己的知识储备，这有助于培养他们的终身学习能力。

（三）社群互动：激发学习动力与合作精神

**1. 学习社群：虚拟图书馆的学术论坛与社交平台**

在信息爆炸的时代，人们对于知识的渴望和追求从未停止。虚拟图书馆的学术论坛和社交平台，为用户提供了一个新的学习方式——加入不同的学习社群，与志同道合的学习者一起学习和交流。这种方式不仅方便快捷，而且能够让用户在学习的过程中找到归属感和满足感。学习社群的概念并不陌生。自古以来，人们就有意识地结交志同道合的朋友，一起探讨学问、交流经验。然而，随着科技的发展，学习社群的形式和功能也在不断地演变和升级。现代的学习社群，通常以虚拟图书馆的学术论坛或社交平台为载体，用户可以根据自己的兴趣爱好、专业领域、研究背景等，选择加入不同的学习社群。这些学习社群，有些是围绕某一专业领域展开讨论，有些则是针对某一具体问题进行研究。无论哪种形式，都能够满足用户的不同需求。在社群中，用户可以发表自己的观点和看法，分享自己的知识和经验，同时也可以从他人的分享中获得启示和收获。这种互动方式，不仅有助于用户个人的成长，还能够促进整个社群集体智慧的发展。

**2. 合作学习：共享知识、共克难题**

合作学习是学习社群的另一个重要特点。在社群中，用户之间的互动和合作是常态。通过合作，用户不仅可以共同解决学术难题，提高自己的学术水平，还能够促进彼此之间的友谊和理解。合作学习的优势在于它可以集思广益。当面对一个问题时，如果只是依靠一个人的力量，可能会感到无从下手。但是如果能够借助社群的力量，通过集体的智慧来解决这个问题，那么效果就会大大不同。在合作学习中，用户可以互相启发、互相补充，从而形成一个完整的解决方案。此外，合作学习还有助于培养用户的团队协作能力。在

社群中，每个人都有自己的角色和职责。通过与他人合作，用户可以学会如何更好地与他人沟通和协调，如何尊重他人的意见和看法，从而培养出更好的团队协作能力。这种能力在日后的学习和工作中会发挥重要的作用。

### 3. 实证研究与效果评估

近年来，越来越多的学者和教育机构开始关注学习社群的作用和效果。他们通过实证研究的方法，对学习社群的优点和不足进行了深入的分析和探讨。研究结果表明，学习社群能够有效地提高用户的学习积极性和学习效果。一项针对虚拟图书馆学术论坛的研究发现，参与学习社群的用户在学习态度、学习成果和学习满意度等方面都得到了显著提高。他们更愿意主动参与学习，积极分享知识和经验，同时也能够更好地解决学术难题和提高自己的学术水平。此外，学习社群还能够促进用户的个人成长和发展。通过与他人的交流和合作，用户可以更好地认识自己，发掘自己的潜力，提高自己的综合素质。同时，学习社群也为用户提供了一个展示自己才华和能力的平台，让他们能够在集体中获得认可和支持。

### （四）技能培养与认证：助力职业发展与个人成长

技能培训：虚拟图书馆的在线课程和学习支持服务为用户提供了一个提升自身技能的平台。无论是数据分析、编程还是项目管理，这些课程都能帮助用户培养和提升各种技能。通过学习，用户可以掌握各种实用的技能，从而更好地适应职场需求，提高自己的职业竞争力。

除了技能培训，虚拟图书馆还为用户提供了认证考试服务。通过虚拟图书馆连接到的认证考试，用户可以获得国际认可的证书，为自己的职业发展和个人成长增加竞争力。这些证书不仅证明了用户的技能水平，还为用户的职业发展提供了有力的支持。通过虚拟图书馆的在线课程和学习支持服务，用户可以随时随地学习各种实用的技能和获得国际认可的证书。这些服务和支持为用户提供了更好的学习和发展机会，帮助用户更好地实现自己的职业和个人目标。假设一个大学生想要学习数据分析技能，他可以通过虚拟图书馆找到相关的在线课程。这些课程通常包括各种数据分析工具和技术的讲解，如 Excel、Python 等。在学习过程中，用户可以通过虚拟图书馆提供的在线学习支持服务，如在线教程、实践练习和答疑解惑，来更好地掌握这些技能。另一方面，假设一个职场人士想要获得项目管理证书，他可以通过虚拟图书馆链接到的认证考试来获得这个证书。在准备考试的过程中，虚拟图书馆提供了各种学习资源，如考试指南、模拟试题和在线讲座等。通过这些资源，用户可以更好地准备考试，提高自己的通过率。

（五）弥补教育不平等：让每个人都有学习的机会

在当今世界，地域一直是人们获取教育资源的巨大障碍。然而，随着虚拟图书馆和在线学习支持服务的出现，这一障碍正在被逐渐消除。无论用户身处哪个地区，只要有互联网接入，他们都能够获得高质量的学习资源和服务。虚拟图书馆和在线学习支持服务的出现，不仅打破了地域限制，还降低了学习成本。通常，虚拟图书馆提供的资源和服务比传统教育模式更为经济、高效。这使得更多人有机会接受教育，降低了学习的经济门槛。虚拟图书馆是一个集成了大量数字化学习资源的平台，用户可以在任何时间、任何地点通过互联网访问这些资源。这些资源可能包括电子书籍、期刊文章、视频讲座、在线课程等，涵盖了各种学科领域。此外，虚拟图书馆还提供了各种学习支持服务，如在线参考咨询、文献传递、课程设计和评估等。与传统图书馆相比，虚拟图书馆具有许多优势。第一，它打破了地域限制，使得更多人能够获取到教育资源。第二，虚拟图书馆的运营成本较低，因为它不需要实体建筑和工作人员，只需要维护和更新数字化资源即可。第三，虚拟图书馆提供了更加便捷的访问方式，用户可以通过互联网随时随地访问到这些资源。随着互联网技术的不断发展，虚拟图书馆和在线学习支持服务也在不断改进和完善。未来，可以预见到虚拟图书馆将更加智能化、个性化和多样化。例如，通过分析用户的学习行为和兴趣爱好，虚拟图书馆可以为用户推荐更加精准的学习资源和服务。此外，虚拟图书馆还可以通过与教育机构、专家学者等合作，提供更加专业化和个性化的学习支持服务。

## 四、未来发展的方向

### （一）增强现实（AR）与虚拟现实（VR）技术的融合

沉浸式学习体验：通过 AR 和 VR 技术的结合，得以构建一个充满无限可能的学习环境。在这个环境中，用户可以身临其境地参观古代文明，仿佛穿越时空，直接观察古人的生活、建筑和习俗；他们可以解剖 3D 生物模型，深入了解生命的结构和功能；甚至可以观察到外太空的景象，仿佛置身于星辰大海之中。这种沉浸式的学习体验不仅增加了学习的趣味性，还加深了学习的深度，使用户更加投入和专注。

这种沉浸式学习体验的优点有三。第一，通过身临其境的方式，用户可以更直观地了解和掌握知识，从而更好地理解和记忆所学内容。第二，沉浸式学习体验可以激发用户的兴趣和好奇心，使他们更加主动地参与到学习中来。第三，通过与虚拟环境的交互，用户还可以培养和提高自己的实践能力和动手能力。

AR 和 VR 技术不仅提供了沉浸式的学习体验，还为互动教学提供了无限的可能性。在历史课程中，通过 VR 技术，用户可以"亲身"参与历史事件，仿佛置身于当时的场景之中。这样，他们可以更直观地了解历史事件的发展过程，从而更好地理解和记忆历史内容。此外，AR 技术还可以用于提供实时反馈和指导，帮助用户更好地掌握知识和技能。为了提供更丰富、更生动的学习体验，教育工作者们已经开始尝试将 AR 和 VR 技术融入教学过程中。例如，在科学课程中，学生们可以通过 VR 技术观察到分子结构的三维模型，从而更好地理解化学反应的本质。在语言学习中，学生们可以通过 AR 技术与虚拟角色进行对话，提高口语和听力技能。这些技术的应用不仅丰富了教学方式，还提高了学生的学习兴趣和效果。当然，虽然 AR 和 VR 技术在教育领域的应用具有巨大的潜力，但也需要注意其可能存在的问题。例如，技术的普及程度和成本问题可能会限制其在教育领域的应用。此外，还需要考虑如何保证学生在使用这些技术时的安全和健康问题。

## （二）大数据与人工智能的深化应用

在数据驱动的时代，个性化推荐系统和智能辅导正逐渐成为教育领域的重要工具。通过深入分析用户的学习历史、兴趣、能力等因素，以及借助大数据和人工智能技术，这两种工具旨在为用户提供更加个性化的学习资源推荐和实时的学习辅导，从而帮助用户实现精准学习并取得更好的学习效果。个性化推荐系统是一种基于大数据和人工智能技术的智能教育工具，它可以对用户的学习历史、兴趣、能力等因素进行分析，以便为用户提供更加个性化的学习资源推荐。通过这种方式，个性化推荐系统可以帮助用户在海量的学习资源中快速找到适合自己的资源，避免在信息海洋中迷失方向。在教育领域，个性化推荐系统具有广泛的应用前景。例如，系统可以根据学生的学习情况，为其推荐相应的学习资料、课程、练习题等。此外，个性化推荐系统还可以根据学生的兴趣和特长，为其提供个性化的学习建议和发展规划。这种个性化的资源推荐不仅可以帮助学生更好地掌握知识，还可以激发他们的学习兴趣和动力，使他们在学习过程中更加积极主动。除了个性化推荐系统外，智能辅导也是教育领域中的一种重要工具。智能辅导利用人工智能技术为用户提供实时的学习辅导，帮助用户及时解决学习中的困惑。例如，智能答疑机器人可以为用户提供24小时的作业和考试辅导，通过自然语言处理技术对用户的问题进行自动回复和解答。这种实时的学习辅导可以有效地解决学生在学习中遇到的问题，帮助他们提高学习的效率和成绩。智能辅导的另一个重要应用是为学生提供个性化的学习计划和指导。通过分析学生的学习情况和学习需求，智能辅导系统可以为其制定个性化的学习计划，并提供有针对性的学习建议和指导。这种个性化的学习辅导可以帮助学生更好地规划自己的学习路径，提高他们的学习效果和学习成绩。

## （三）与其他教育机构的广泛合作

课程整合：虚拟图书馆可以与各大高校、教育机构合作，整合优质的在线课程资源，为用户提供更加系统、全面的学习路径。在数字化时代，人

们对知识和学习的需求比以往任何时候都要更加强烈。而虚拟图书馆作为信息时代的重要产物，已经逐渐成为人们获取知识和学习的重要渠道。为了更好地满足用户的需求，如前所述，虚拟图书馆可以通过与各大高校和教育机构的合作，整合优质的在线课程资源，为用户提供更加系统和全面的学习路径。

学分认证：通过与教育机构的合作，虚拟图书馆提供的在线课程也可以获得学分认证，这样，用户不仅可以学习知识，还能获得正式的学历或证书。也就是说，除了提供在线课程资源外，虚拟图书馆还可以通过与教育机构的合作，为用户提供学分认证。这意味着用户在虚拟图书馆学习的课程不仅可以获得知识的提升，还可以获得正式的学历或证书。这种认证机制可以有效地提高用户的学习积极性和学习效果，同时也为用户的职业发展提供了更好的保障。

实践应用：虚拟图书馆在在线教育中的应用已经越来越广泛，各大高校和教育机构也在不断探索和实践新的教育模式。例如，美国斯坦福大学就通过与 Khan Academy 的合作，推出了计算机科学在线课程，并为其颁发了学分认证。此外，Coursera、edX 等在线教育平台也纷纷与各大高校和教育机构合作，推出了众多优质的在线课程，为用户提供更加便捷、高效的学习方式。

（四）社交学习的进一步发展

随着科技的飞速发展和人们学习需求的不断增长，虚拟图书馆已经成为越来越多人获取知识的重要途径。未来，可以预见到虚拟图书馆将会更加注重学习社群的建设，让用户能够更加便捷地组建或加入各种学习小组，共同学习和进步。

**1. 学习社群的建设**

（1）共享学习资源

在未来的虚拟图书馆中，用户将不再只是孤立的个体，而是形成一个紧密的社群。在这个社群中，用户可以互相分享学习资源和学习心得，形成一个共享、互助的学习氛围。这种学习方式不仅可以提高学习效率，还可以让用户在互相交流中获得更多的启发和灵感。

（2）多样化的学习形式

未来的虚拟图书馆将提供更加多样化的学习形式，包括在线课程、讨论组、论坛等。这些多样化的学习方式可以让用户根据自己的学习习惯和需求来选择最适合自己的学习方式，从而提高学习效果。

（3）个性化推荐

通过分析用户的浏览记录和互动行为，未来的虚拟图书馆将能够为用户提供更加个性化的学习推荐。这些推荐包括相关的学习资源、学习小组、讨论主题等，让用户能够更加精准地找到自己感兴趣的学习内容。

**2. 共享学习资源的优势**

（1）提高学习效率

通过共享学习资源，用户可以更加便捷地获取到其他人已经整理好的学习资料，节省了搜索和筛选的时间。同时，用户还可以通过分享自己的学习心得和经验，让其他人也能够更快地掌握知识，从而提高整个社群的学习效率。

（2）促进知识交流

在共享学习资源的氛围下，用户之间的交流和互动将会更加频繁。这种知识交流可以激发用户的思维和创造力，产生更多的创新想法和学习成果。同时，通过交流还可以让用户了解到不同的观点和见解，拓宽自己的视野和认知。

（3）增强学习动力

当用户看到其他人都在积极学习和分享时，会受到激励和鼓舞，从而更加努力地投入学习中。这种正向的竞争氛围可以激发用户的斗志和积极性，让他们更加主动地参与到学习中来。

（4）培养团队合作

在共享学习资源的社群中，用户之间需要相互协作和配合，才能够共同完成一些学习任务或者解决一些问题。这种团队合作可以培养用户的协作能力和沟通技巧，让他们更加适应未来的工作和生活。

（5）适应性学习和微观认证

随着人工智能技术的飞速发展，虚拟图书馆已经不再是一个陌生的概念。在这样一个数字化、信息化的时代，适应性学习成为教育领域的一个热门话题。在虚拟图书馆中，适应性学习得到了广泛应用，为用户提供了更加个性化的学习体验。适应性学习是一种学习方式，它可以根据用户的个体差异和需求自动调整学习内容和难度。这种学习方式的出现，使得虚拟图书馆能够更好地满足用户的个性化需求和学习进度。通过适应性学习，用户可以更加高效地掌握知识，提高学习效果。虚拟图书馆通过运用人工智能技术，能够实现对用户学习行为的实时监测和数据分析。根据这些数据，图书馆可以动态地调整学习内容和难度，以适应不同用户的需求。这种个性化服务的方式，使得每一个用户都可以在虚拟图书馆中得到适合自己的学习资源和服务。除了适应性学习，微观认证也是虚拟图书馆中一个备受关注的方向。微观认证是对用户掌握的具体技能或知识点进行认证，而非传统的整体课程认证。这种认证方式为用户提供了更加灵活、精细化的学习成果认可。通过微观认证，用户可以更加清晰地了解到自己在学习过程中的进展和不足之处。同时，微观认证也为虚拟图书馆提供了一个更加客观、公正的评价机制。这样，用户可以在虚拟图书馆中更加高效地获取知识和技能，提高自己的综合素质。

## 第三节　创新数字化项目案例研究

### 一、智慧图书馆项目：技术驱动下的图书馆创新与服务升级

在数字化、网络化的大背景下，图书馆作为传统的知识传播场所，正面临前所未有的挑战。为了满足现代人的学习、研究需求，智慧图书馆项目应运而生，它将物联网、大数据和人工智能等先进技术引入图书馆管理，实现了资源、服务和管理的全面智能化。

## （一）物联网技术：实现资源实时监测与自动管理

传统图书馆的管理往往依赖于人工，从图书的借阅、归还到书架的调整，都需要工作人员手动完成。而智慧图书馆项目利用物联网技术，为每一本书、每一个设备配上独特的标识码，实现资源的实时监测。这意味着，当一本书被借出时，系统可以立即感知并更新库存状态；当这本书归还时，系统又能自动调整书架布局，确保书籍的正确归位。

**案例：** 某大型公共图书馆引入物联网技术，为每本书都植入了 RFID 芯片。当读者借阅或归还书籍时，不再需要人工扫描，而是通过专门的通道进行自动借阅/归还。同时，图书馆内的书架也装有感应装置，当某本书被归还时，系统会自动检测并通过机械臂将该书放回到原定位置，确保书架的整齐和易查找。

## （二）大数据技术：深度洞察用户需求，实现个性化服务

图书馆每天都接待大量的读者，如何满足每位读者的需求，一直是图书馆服务的难题。智慧图书馆项目利用大数据技术，深入分析用户的借阅记录、浏览行为，甚至包括用户的停留时间、搜索关键词等，从而为用户构建出精准的需求画像。基于这些数据，图书馆可以为用户提供个性化的推荐，如根据用户的兴趣推荐相关书籍、活动或研究资料。

**案例：** 某高校图书馆利用大数据技术，对学生的借阅数据进行分析。他们发现，临近考试时期，某些专业课的参考书籍借阅量激增。基于这一数据，图书馆在考试前一个月，特意为这些学生推出了"考试专题书架"，摆放了相应的参考书和过往考题，受到了学生的大力欢迎。

## （三）AI 技术：辅助决策，提升服务效率

除了物联网和大数据，人工智能也在智慧图书馆项目中发挥着关键的作用。通过 AI 算法，图书馆可以预测某一时段、某一区域的人流量，提前做好服务准备。同时，AI 还可以辅助工作人员进行图书采购决策、活动策划等，确保图书馆资源的最大化利用。

**案例**：某城市的公共图书馆采用 AI 算法，对图书馆的人流量进行预测。根据历史数据，他们预测到在下个月的一个周末会有一次人流高峰。于是，图书馆提前安排了更多的志愿者和服务人员，确保那天的服务质量，并提前准备了受欢迎的书籍和资料，以满足读者的需求。

### （四）跨界合作与开放共享

智慧图书馆项目不仅仅局限于技术层面的升级，更注重与其他机构的跨界合作。例如，与学术机构合作，为用户提供学术论文查重、引用分析等服务；与文化机构合作，推出联合展览、讲座等活动。此外，智慧图书馆还积极开放自己的数据和资源，鼓励开发者利用其 API 进行二次开发，创造更多的应用场景。

**案例**：某省级图书馆与当地博物馆进行了跨界合作。他们联合推出了一个"历史文化"专题活动，在图书馆内布置了与当地历史有关的文物展览，并配套了相关的历史书籍供读者借阅。此外，他们还开放了 API 接口，允许开发者使用图书馆的资料，开发出了多款历史文化类的教育游戏和应用。

总之，智慧图书馆项目是对传统图书馆的全方位升级。它不仅提高了图书馆的管理效率，更重要的是，它为用户提供了更为智能、便捷和个性化的服务，让图书馆在数字化时代继续发挥其不可替代的知识传播作用。

## 二、古籍数字化项目的意义与价值

随着科技的进步，数字化已经成为保存和传播信息的重要方式。对于珍贵的古籍文献而言，数字化处理不仅意味着其内容的永久保存，更为其研究和传承开辟了新的途径。古籍数字化项目就是这样一个综合性的工程，它运用高清扫描、OCR 识别等技术，将古籍转为数字文本，从而为学术界和公众提供了丰富的资源。

### （一）古籍保护与保存

古籍数字化项目最重要的意义在于古籍的保护。古籍文献由于年代久远，往往容易受到环境、温度、湿度等因素的影响，导致破损、老化。而数字化处理可以通过高清扫描技术，精确捕捉到古籍的每一个细节，即使是微小的字迹、印记也不会遗漏。这样一来，即使原书受损，依然可以通过数字版本领略其原始风貌。

**案例**：《赵城金藏》是一部非常重要的佛教经典古籍。由于历史原因，原件保存状况较差。通过古籍数字化项目，专业团队利用高清扫描技术对其进行了数字化处理。现在，即使原件在某些部分受损，研究者仍可以通过数字版本研究其内容，并领略其原始风貌。

### （二）学术研究的助推器

对于学者而言，古籍数字化项目打开了一个崭新的研究窗口。通过OCR识别技术，古籍中的文字可以被转化为可编辑、可检索的数字文本。这意味着学者可以轻松地对其内容进行关键词搜索、文本比对、数据分析等操作，从而极大地提高了研究效率。而且，依据数字化文本还可以方便地进行跨地域、跨时间的合作研究，为学术交流创造了便利条件。

**案例**：学者李教授正在研究明代的社会经济情况。他通过古籍数字化项目获得了《明实录》数字文本，并进行关键词检索和数据分析。这使他快速地找到了与明代经济相关的各种数据，并与其他学者进行了合作研究，大大提高了研究效率。

### （三）公众教育的利器

除了学者，古籍数字化项目也为广大公众提供了独特的学习资源。在互联网时代，公众可以通过电脑、手机等设备，随时随地访问这些珍贵的古籍资源，这无疑为公众了解历史文化、增强文化素养提供了难得的机会。

**案例**：高中历史老师张老师在教授古代历史时，经常引用古籍数字化项目中的资料。他向学生展示《史记》的数字化版本，并通过互动平台与学生一同探讨其中的历史文化内涵。学生们通过这些数字化的古籍，更加直观地理解了古代的历史和文化。

## （四）跨越时空的传播

古籍数字化后，其传播范围和传播速度都得到了质的飞跃：不再是藏于深闺无人识，而是可以迅速传遍世界的每一个角落。这不仅增强了中华文化的影响力，也使得更多的研究者和学习者能够接触到这些宝贵的文化遗产。

**案例：**《兰亭集序》是王羲之的著名书法作品，深受全球书法爱好者喜爱。通过古籍数字化项目，这部作品被转化为数字文本并上传至网络平台。现在，不论身在何处，只要有网络，人们都可以欣赏和学习这部作品，感受中华书法的魅力。

## 三、VR图书馆项目：颠覆传统，引领图书馆服务创新

随着技术的飞速发展，人们对图书馆的需求和期待也在不断升级。在这样的背景下，VR图书馆项目应运而生。该项目通过先进的VR技术，为用户呈现一个全新的、沉浸式的图书馆体验，将传统图书馆服务推向了新的高度。

### （一）沉浸式的图书馆环境

利用VR技术，用户可以"走进"一个真实感十足的虚拟图书馆。这个环境不仅还原了实体图书馆的布局和氛围，还加入了丰富的多媒体元素和互动功能，用户可以在这个空间里自由行走，浏览书架，甚至感受书籍的质感和气息。

**案例：**当用户戴上VR设备，他们会被传送到一个古典风格的图书馆中，高大的书架上摆满了各种书籍。阳光从虚拟窗户投射进来，为环境增添了一份宁静，用户可以在这个环境中自由行走，感受图书馆的氛围。

### （二）创新的书籍借阅方式

在VR图书馆中，用户可以通过简单的手势或语音命令来借阅书籍。一旦选择了一本书，这本书的虚拟版本就会立即"出现在"用户的虚拟桌面上供其阅读。同时，系统还会记录用户的借阅历史，提供个性化的推荐服务。

**案例**：用户在 VR 图书馆中浏览时，看到了一本感兴趣的烹饪书籍。他们只需要朝着这本书伸出手，做一个抓取的动作，这本书就会"飞"到他们的虚拟桌面上。然后，用户可以选择直接在 VR 环境中翻阅，或者将这本书"借出"，稍后在手机或电脑上阅读。

### （三）丰富的学术活动和讲座

VR 图书馆不仅是一个借阅书籍的地方，更是一个学术交流和互动的平台。在这里，用户可以参加各种学术讲座、研讨会等活动，与其他参与者进行实时交流和互动。这些活动不仅可以提高用户的学术素养，也为图书馆打造了一个充满活力的学术社区。

**案例**：VR 图书馆每周都会举办一次关于古代历史的讲座，用户可以在一个专门的虚拟大厅中参加这个讲座，与其他对历史感兴趣的人交流。讲座结束后，用户还可以与主讲人进行互动问答，深化对历史知识的了解。

### （四）无障碍的服务体验

对于身体不便或地理位置偏远的用户来说，传统图书馆的服务可能存在一些障碍。而 VR 图书馆打破了这些限制，让所有用户都能享受到平等的、无障碍的图书馆服务。无论身在何处，只要有 VR 设备，用户就可以随时进入 VR 图书馆，享受阅读的乐趣。

**案例**：有一位用户因为身体原因不能前往实体图书馆。但通过 VR 图书馆，他在家中就可以进入虚拟的图书馆环境，借阅并阅读他喜欢的书籍。这使得他与其他用户一样，能够享受到图书馆的服务。

### （五）拓展图书馆的服务边界

VR 图书馆项目还为图书馆的创新服务提供了新的思路。除了传统的借阅、阅读服务外，图书馆还可以通过 VR 技术提供更加丰富多元的文化体验，如虚拟展览、历史场景重现等，从而极大地拓展了图书馆的服务内容和边界。

**案例**：除了常规的书籍借阅，VR 图书馆还推出了一个"虚拟展览"功能。

用户可以参观历史上的著名图书馆展览，如古代藏书楼、中世纪修道院图书馆等，这些展览都以 3D 形式呈现，使用户仿佛亲临现场。

  总之，VR 图书馆项目是对传统图书馆服务的颠覆性创新，它通过先进的 VR 技术，为用户打造一个沉浸式的、无障碍的图书馆体验，不仅提高了用户的参与感和体验感，也为图书馆的创新服务开辟了新的可能。在未来，有理由相信，VR 图书馆将成为图书馆服务的重要发展方向，引领图书馆事业迈向新的高峰。

# 第六章　数字化时代的用户体验

## 第一节　用户界面设计与用户体验研究

在数字化时代，图书馆已经从传统的实体空间扩展到了虚拟的数字世界。在这数字化的进程中，用户界面成为用户与图书馆服务之间的主要交互点。这个界面就像一座桥梁，连接着读者和图书馆的资源与服务。因此，用户界面设计在数字化图书馆中扮演着至关重要的角色，它不仅仅是一个简单的视觉呈现，更关系到如何高效、直观地为用户提供服务。

下面来探讨一下用户界面设计的视觉呈现。对于用户来说，界面的视觉感受是他们接触图书馆服务的首要体验。一个美观、整洁、易读的界面设计能够吸引用户的目光，提高他们的使用兴趣。色彩搭配、字体选择、图标设计等都是影响界面视觉效果的重要因素。此外，界面布局的合理性也至关重要，它需要引导用户快速找到所需的信息或服务。

然而，用户界面设计不仅仅是视觉呈现，它更关注的是如何高效地为用户提供服务。这就意味着在设计过程中需要深入了解用户的需求和行为习惯。例如，对于那些经常使用图书馆资源的用户，他们可能更希望在界面上直接找到自己需要的资源，而不是通过多个层级或跳转页面来寻找。因此，设计者需要在界面上提供个性化的资源推荐、一键获取资源等功能，以提升用户的使用体验和效率。

为了实现高效的用户界面设计，图书馆需要收集和分析用户的反馈数据，了解用户的行为和需求。

## 一、用户需求研究

在图书馆用户界面设计中，深入了解用户的需求是至关重要的第一步。用户需求研究是一个系统性的过程，旨在揭示用户对图书馆界面的期望、需求和行为模式。

### （一）用户调研

用户调研是一种直接与用户互动的方法，它通过问卷、访谈等方式收集用户对图书馆界面的意见和建议。这种调研方法可以覆盖更广泛的用户群体，并获取到用户对界面的真实想法和感受。在进行用户调研时，设计师需要制定一份详尽的问卷，包含关于界面布局、色彩、字体、图标、交互方式等各方面的问题。问卷设计要尽可能细致，以全面了解用户对界面的看法和感受。例如，对于界面布局，可以询问用户对界面整体布局的满意度、对导航菜单的喜好程度、对搜索框的位置是否满意等。对于色彩，可以询问用户对主色调的感受、重点信息是否突出等。对于字体和图标，可以询问用户对可读性和识别度的评价。对于交互方式，可以询问用户对操作流程的感受、对响应时间的满意度等。除了问卷调查，面对面访谈也是一个非常重要的调研手段。访谈可以更加深入地了解用户对图书馆界面的期望和需求，以及他们在使用过程中的痛点和挑战。访谈可以采用一对一或小组的形式，时间一般控制在1~2小时。在访谈过程中，设计师需要积极倾听用户的意见和建议，并适时提出一些引导性问题，以进一步了解用户的想法和需求。通过统计分析用户的回答，设计师可以了解到用户对界面的喜好、易用性、可读性等方面的偏好。例如，通过分析用户的回答，设计师可以发现用户更喜欢采用深色主题的界面设计，因为这种设计更加舒适和护眼；同时，设计师也可以发现用户更喜欢简洁明了的界面布局，因为这种设计更加直观和易于操作。此外，实证研究也是非常重要的一个环节。通过实际测试和观察用户的使用情况，设计师可以更加准确地了解用户对界面的真实需求和行为习惯。例如，通过观察用户在图书馆中的使用行为，设计师可以发现用户更喜欢使用触摸屏和语音识别技术来获取信息，因为这些技术更加方便、快捷。

（二）观察研究

观察研究是一种深入了解用户如何使用图书馆界面的方法，通过直接观察用户在图书馆的实际操作，设计师可以发现用户在界面中遇到的问题和困难，以及他们的操作流程和操作习惯。这种研究方法不仅可以帮助设计师更好地了解用户需求，还可以揭示出用户在使用界面时遇到的问题和痛点。在进行观察研究时，设计师可以采用多种方式进行实地观察、录像观察等，记录用户在图书馆界面的操作过程。通过观察用户的行为，设计师可以注意到用户在界面上的浏览路径、点击操作、停留时间等细节，这些信息可以帮助设计师更好地了解用户的需求和痛点。例如，设计师可能会发现某些用户在浏览图书馆界面时，经常遇到找不到所需资源的问题，或者某些用户在查找文献时，需要花费较长的时间。这些问题的发现，可以为设计师提供改进和优化图书馆界面的方向。此外，设计师还可以结合用户调研的结果，对观察数据进行解读和分析，以找出可能的改进点和优化方向。例如，设计师可以通过分析用户的反馈意见和评价，了解用户对图书馆界面的满意度和需求，从而为改进界面提供依据。

通过观察研究方法，设计师可以更加深入地了解用户的需求和使用习惯，从而为图书馆界面设计提供有力的支持和指导。这种研究方法不仅有助于提高图书馆界面的易用性和用户体验，还可以帮助设计师更好地满足用户的需求和提高图书馆界面的使用效率。

用户需求研究是图书馆用户界面设计的关键前置工作。通过用户调研和观察研究，设计师可以获得宝贵的一手数据，了解用户的目标、偏好和操作习惯，为设计提供有力的依据。这些数据和信息可以帮助设计师站在用户的角度思考，设计出更加符合用户需求、易用且吸引人的图书馆用户界面。

## 二、界面设计原则

在图书馆用户界面设计中，基于用户需求，遵循一些核心设计原则是至

关重要的。这些原则确保界面设计满足用户的期望，提供良好的用户体验。

（一）简洁明了

信息爆炸时代，一个干净、整洁、有条理的界面设计对于用户体验来说至关重要。设计师在构建用户界面时，应遵循避免冗余信息、突出重点和利用空白与负空间等原则，以提升用户的使用效率和满意度。第一，避免冗余信息是界面设计中不可忽视的一环。在许多情况下，无关紧要的信息或功能只会让用户感到混乱，增加他们的认知负荷。因此，设计师需要仔细考虑哪些信息是必要的，哪些是不必要的，然后决定如何在界面上展示这些必要的信息。这需要对信息进行有效的筛选和整理，确保用户在浏览界面时能够快速找到他们需要的信息。第二，突出重点也是界面设计中不可或缺的一部分。重要的信息和功能应该在视觉上得到突出，以便用户快速找到。这可以通过使用不同的颜色、字体大小或布局来实现。例如，设计师可以使用鲜明的颜色或较大的字体来强调重要的信息，或者通过特殊的布局设计来吸引用户的注意力。第三，利用空白与负空间可以给界面设计带来一种优雅、高端的感觉。有效地利用空白或负空间可以避免界面看起来过于拥挤，使界面上的元素更加清晰、易于辨识。这样的设计不仅美观，还有助于用户集中注意力，提高他们的使用效率。

此外，设计师还需要不断关注用户反馈和需求，以便对设计进行持续优化和改进。只有深入了解用户的需求和习惯，设计师才能创造出真正符合用户期望的界面设计。同时，设计师也应该关注可访问性设计，确保所有用户都能够方便地使用和理解界面，而不会受到任何限制或困扰。

（二）导航清晰

数字化时代，一个直观易用的导航菜单对于用户体验至关重要。一个良好的导航菜单不仅能够提高用户的使用效率，还能让用户在使用过程中感受到愉悦和满足。其中，层次结构是导航菜单设计中一个重要的考虑因素。一个直观的层次结构能够清晰地展示出各个板块之间的关系和层次。这种结构使得用户能够迅速理解导航菜单的整体布局，从而更快速地找到所需的功能或信息。在层次结构的设计中，一般而言，主要的功能或板块应该放在导航的顶部，这样用户可以一目了然地看到最重要的内容。而子功能或子板块则应该放在下拉菜单中，这样既不干扰主功能，又能够方便用户快速找到相关的细分功能。除了层次结构外，明确的标签与命名也是导航菜单设计中不可忽视的方面。标签和命名应该直观、描述性强，使用户能够快速理解每个板块的内容。标签和命名的选择需要避免使用模糊或不常见的词汇，以免用户产生困惑或误解。明确的标签与命名不仅能够提高用户的使用效率，还能够增强用户对导航菜单的信任感和满意度。在用户与导航菜单互动的过程中，提供反馈也是十分必要的。当用户点击导航的某个部分时，界面应该给出明确的反馈，如颜色变化、下画线等，表示用户当前所在的位置。这种反馈不仅能够使用户感到更加安心和自信，还能够提高用户的使用效率和满意度。此外，一个优秀的导航菜单还需要考虑用户体验的其他方面。例如，导航菜单的设计应该符合用户的使用习惯和心理预期，以提供更加自然和流畅的使用体验。同时，导航菜单的设计也应该注重美观和简洁，以吸引用户的注意力并提高其使用意愿。

（三）易于理解的图标与标识

在设计图书馆用户界面时，使用通用图标是一个很好的选择。通用的图标，如"主页""搜索"等，已经被广大用户所熟知，因此它们具有很强的认知性。当用户看到这些图标时，他们可以迅速理解其含义，无需冗长的解释。然而，对于一些不太常见或可能引起混淆的图标，提供文字标签是必要的。这些标签可以作为图标的补充解释，确保用户能够准确地理解图标的意思。文字标签应该清晰明了，避免使用模糊或含糊不清的词汇。此外，保持一致性也是设计图书馆用户界面时需要注意的重要原则。在同一个界面中，相同的功能或信息应该使用相同的图标，这样可以避免用户在操作过程中产生混淆，提高他们的使用效率。遵循这些设计原则可以确保图书馆用户界面既美观又实用。设计师需要时刻关注用户的实际需求和反馈，以便对界面进行灵

活调整和优化。一个高效、易用且令人满意的图书馆用户界面不仅可以提高用户的使用体验，还可以增强他们在图书馆中获取信息的能力。为了创造一个优秀的图书馆用户界面，设计师需要不断参考上述原则，并时刻关注用户的反馈。他们应该根据用户的意见和建议对界面进行持续的优化和改进，以满足用户的期望并提供卓越的用户体验。只有这样，图书馆才能真正发挥其作为知识宝库的作用，为读者提供一个便捷、高效的学习和阅读环境。

### 三、持续迭代与优化

在图书馆用户界面设计中，持续迭代与优化是不可或缺的一环。用户体验是一个动态的过程，随着用户需求和期望的不断变化，图书馆界面也需要随之进行改进和升级。

（一）建立反馈机制

为了持续提升用户体验，图书馆界面需要建立一个高效且实用的反馈机制。反馈机制确保图书馆能及时、准确地捕捉到用户对新界面的真实反馈与建议，进而能对界面进行必要的优化和调整，具体如下：

1. 用户反馈渠道

在图书馆的网站或应用程序中，可以设置一个直观易用的用户反馈入口，以确保用户在浏览新界面时，能够随时随地将自己的意见和建议提交给图书馆。这种反馈渠道不仅方便了用户表达观点，还使图书馆能够广泛收集到用户的真实声音。

2. 用户测试

定期进行用户测试是一种非常有效的手段。通过邀请一组具有代表性的用户参与测试，图书馆可以观察他们如何与新界面互动，并收集他们的反馈。这不仅可以帮助图书馆了解界面是否符合用户的需求和期望，还能提前发现可能存在的问题。

3. 数据分析

利用专业的数据分析工具，图书馆可以跟踪并记录用户在界面上的各种操作和行为，从而深入了解他们的使用习惯和遇到的问题。这些数据能够揭示出潜在的改进点，为图书馆提供有针对性的优化方向。

此外，图书馆还可以考虑以下方法来优化用户体验：

（1）定期调查

定期进行用户调查是一种非常直接的方法。通过设计问卷或在线调查，图书馆可以收集到用户的真实反馈，进一步了解他们对新界面的满意度、使用频率等。

（2）个性化推荐

利用大数据和人工智能技术，图书馆可以为用户提供个性化的阅读推荐服务。根据用户的阅读历史、兴趣爱好等因素，图书馆可以向用户推荐可能感兴趣的书籍、文章或研究资料。这种个性化推荐服务能够提高用户的满意度和参与度。

（3）无障碍设计

考虑到不同类型用户的需求，图书馆应该注重无障碍设计，确保新界面对于视力障碍、听力障碍等特殊用户群体来说也是友好且易于使用的。可以通过文字放大、语音导航等功能来实现。

（4）跨平台兼容性

随着移动设备的普及，图书馆应该确保新界面能够在不同的设备平台上流畅地运行，无论是PC端还是移动端，用户都应该能够获得一致且优质的体验。

（5）简洁直观的设计

图书馆应该注重界面的简洁性和直观性，避免过多的复杂功能和冗余信息。一个清晰、简洁的界面设计能够帮助用户快速找到所需的功能和资源，提高他们的使用效率。

（6）响应式设计

考虑到不同设备的屏幕尺寸和分辨率差异，图书馆应该采用响应式设计方法。这使得新界面能够自适应不同的设备环境，为用户提供最佳的阅读和互动体验。

（7）定期更新和维护

为了保持新界面的新颖性和实用性，图书馆应该定期进行更新和维护。这包括修复已知的问题、优化性能以及添加新的功能等。

## （二）调整与优化

在图书馆界面设计的过程中，收集用户反馈和数据分析是至关重要的环节。一旦这些结果到手，就应该立即进行调整和优化，以提升界面的用户体验。第一，对于界面布局的优化，应该根据用户的反馈和行为数据进行细致分析。这包括观察用户在操作过程中遇到的困难，以及他们对于界面布局的满意度。通过这些反馈，可以发现界面布局中存在的问题和不足，从而进行改进。如可以调整按钮、图标、文字等元素的位置，使其更加符合用户的期望和操作习惯。再如，如果用户反馈界面的搜索框过于隐蔽，就可以将其移动到更加显眼的位置，以方便用户查找。第二，功能改进也是优化的重要方面。图书馆应该根据用户的需求，对界面上的功能进行添加或改进。这可能包括增加新的检索方式、提供更加全面的资源信息、增加用户个性化设置等。通过这些改进，可以提升用户的工作效率和满意度，使用户更加方便快捷地获取所需资源。第三，性能提升也是优化的关键环节。持续关注界面的加载速度和响应时间，以确保用户可以快速、流畅地使用图书馆界面。如果界面加载速度过慢或者响应时间过长，用户可能会失去耐心，转而寻找其他更加高效的资源获取方式。因此，应该通过优化代码、优化图片等方式来提升界面的性能，确保用户在使用过程中不会遇到任何阻碍。

## （三）迭代升级

随着科技的飞速发展和设计的不断进步，图书馆界面设计也亟待迭代升级，以适应广大用户的新需求和期望。这不仅涉及界面风格的优化、交互方式的创新，还涉及功能设置的全面改进。因此，图书馆需要时刻关注行业趋势和最佳实践，不断汲取先进的设计理念和技术手段，推动图书馆界面的创新发展。在界面风格方面，图书馆可以考虑采用更加现代化的设计风格，以吸引年轻用户的关注。例如，可以采用扁平化设计、极简主义设计等风格，让界面更加简洁、大气、时尚。同时，图书馆还可以考虑在设计中加入一些具有文化底蕴的元素，以体现图书馆作为文化传承的载体。在交互方式方面，图书馆需要关注用户体验，注重用户的需求和期望。例如，可以通过人工智能技术实现智能问答、个性化推荐等功能，提高用户的使用效率和对图书馆的满意度。此外，图书馆还可以考虑在移动端上开发应用程序，方便用户随时随地访问图书馆资源。在功能设置方面，图书馆需要不断改进和完善各项功能。例如，可以增加在线阅读、电子书籍下载、远程学习等功能，以满足用户多样化的需求。同时，图书馆还可以通过数据分析了解用户的阅读习惯和需求，从而更好地满足用户的需求。

## 四、跨平台与响应式设计

在数字化时代，随着各种设备的普及，用户可能通过电脑、平板、手机等多种设备访问图书馆。这就给图书馆的用户界面设计带来了新的挑战。为了满足不同设备上的用户需求，设计师需要考虑跨平台的设计方案，确保在各种屏幕尺寸下，用户都能获得一致且良好的体验。响应式设计正是解决这一问题的有效策略。

### （一）跨平台设计

跨平台设计在现代用户界面设计中占据了越来越重要的地位，这主要是因为现在的用户可能会在多种设备上使用同一应用或服务，如智能手机、平板电脑、笔记本电脑和桌面电脑等。为了确保用户在不同设备上都能获得一致且良好的体验，设计师需要在设计过程中考虑多种设备的特性和限制。

**1. 设备兼容性**

设计师必须确保他们的设计能在各种操作系统和设备上无缝运行。这意味着设计师需要对各种操作系统（如 Windows、macOS、iOS 和 Android 等）的设计规范和最佳实践有深入的了解。例如，iOS 设备上的界面元素和交互方式可能与 Android 设备上的有所不同，设计师需要确保他们的设计能在这

些平台上正常工作。此外，设计师还需要考虑设备的硬件限制，如处理速度、内存大小和屏幕分辨率等。一些功能可能在某些设备上无法正常运行，或者可能会导致设备过热或电池消耗过快。设计师需要确保他们的设计不会给设备带来过重的负担，同时尽可能地提供一致的功能和用户体验。

**2. 布局灵活性**

设计师还需要考虑不同设备的屏幕尺寸和分辨率。一个好的跨平台设计应该能自动调整其布局和元素大小，以适应不同的屏幕空间。这通常可以通过使用响应式设计或自适应布局来实现。在响应式设计中，界面的布局和元素会根据屏幕的大小和方向进行动态调整。例如，在小屏幕上，某些元素可能会被隐藏或重新排列，以适应较小的显示空间。而在大屏幕上，这些元素可能会被展开或重新排列，以提供更多的信息和功能。自适应布局则更进一步，它允许设计师为不同的屏幕尺寸和设备类型创建特定的布局。这意味着设计师可以为每种设备类型创建一个最优化的布局，以确保在所有设备上都能提供最佳的用户体验。在进行跨平台设计时，设计师还需要注意保持设计的一致性。用户在不同设备上使用同一应用或服务时，应该能看到熟悉和一致的界面元素和交互方式。这有助于用户快速理解和使用应用或服务，同时也能增强品牌的识别度。

## （二）响应式设计

响应式设计是一种高度灵活和适应性强的设计和开发方法，它强调界面的可塑性和对不同设备的适应能力。其核心思想是通过自动调整布局和元素大小，使界面能够在各种屏幕尺寸和分辨率下提供最佳的用户体验。

**1. 流体网格布局**

流体网格布局是响应式设计的基石之一。它采用了一个灵活的网格系统，可以根据屏幕的宽度自动调整列和元素的大小。这意味着无论是在手机、平板电脑还是桌面电脑上，界面的布局都能够自适应地调整，以确保内容在不同设备上都有良好的可读性和可操作性。流体网格布局通常使用百分比或相对单位（如 em 或 rem）来定义元素的宽度和间距，而不是使用固定的像素值。这使得界面能够根据屏幕宽度进行动态的缩放和调整，以适应不同的设备尺寸。

2. 媒体查询

媒体查询是响应式设计的另一个关键工具。它允许设计师针对不同屏幕尺寸和设备类型设置特定的样式和布局规则。通过媒体查询，设计师可以根据设备的特性进行微调，进一步优化用户体验。媒体查询通过使用层迭样式表（CSS）的条件语句来实现。设计师可以定义一系列的媒体查询规则，每个规则针对特定的屏幕尺寸或设备类型。当用户的设备满足某个规则的条件时，相应的样式和布局规则会被应用到界面上。这使得设计师能够为不同设备提供定制化的界面设计，以满足各种设备和屏幕尺寸的需求。

3. 图像和内容的适应性

响应式设计还需要考虑图像和内容的适应性。在传统的固定宽度布局中，图像通常使用固定的像素尺寸进行显示，这在不同屏幕尺寸下可能会导致图像过大或过小，影响用户体验。而在响应式设计中，图像需要能够自适应地缩放和调整大小，以适应不同设备的屏幕尺寸和分辨率。为了实现图像的自适应性，设计师可以使用一系列的技术和方法，如使用相对单位（如百分比）定义图像的宽度和高度、使用 CSS 的背景图像属性进行缩放，或者使用图像压缩和优化技术来减小图像文件的大小，以提高页面的加载速度。

同时，响应式设计还需要考虑内容的自适应性。这意味着设计师需要确保内容在不同屏幕尺寸下都能够清晰地呈现给用户，并且易于阅读和浏览。例如，设计师可能需要使用可滚动容器来呈现大量内容，或者使用折叠面板来隐藏和展开次要信息，以适应小屏幕设备的显示空间限制。

响应式设计通过流体网格布局、媒体查询和图像内容的适应性等技术和方法，提供了一种灵活和适应性强的界面设计和开发方法。它使得设计师能够根据不同设备的特性和限制，创建一个能够在各种设备上运行的用户界面，提供一致且良好的用户体验。在实施跨平台与响应式设计时，图书馆可以与专业的设计团队合作，评估和选择适合的设计方案和技术。同时，进行定期的测试和调整也是必不可少的，以保证在各种设备和屏幕尺寸下，用户都能

享受到优质、流畅的图书馆服务体验。

总之，优秀的用户界面设计是提升数字化图书馆用户体验的核心要素。通过深入研究用户需求，遵循设计原则，并持续进行优化，图书馆可以为用户创造一个直观、易用且吸引人的界面，从而增强用户对图书馆服务的整体满意度和忠诚度。

## 第二节 移动应用与个性化服务

### 一、移动应用

#### （一）移动应用的重要性

随着移动互联网的飞速发展，人类已经进入了一个高度数字化的时代，手机作为最普及的移动设备，已经成为人们日常生活中的必需品。在这样的背景下，移动应用对于图书馆而言，其重要性不言而喻，具体如下：

**1. 满足随时随地访问的需求**

在以前，人们想要借阅书籍或者查询资料，必须亲自前往图书馆，这无疑增加了许多麻烦和时间成本。然而，随着科技的进步，移动应用的出现彻底改变了这一现状。用户只需在手机上轻轻一点，就可以随时随地访问图书馆的丰富资源，这种便捷性是传统服务模式所无法比拟的。在传统图书馆服务模式下，用户需要在图书馆内亲自查找自己需要的书籍或资料，这个过程可能会花费很长时间，而且如果图书馆离家较远，前往图书馆可能需要花费更多的时间和精力。此外，图书馆的开放时间也可能会给用户带来一些不便，例如在节假日或者晚上，图书馆可能不开放，使得用户无法在需要的时候获取到资源。然而，随着移动应用的发展，用户可以通过手机随时随地访问图书馆的资源，这大大提高了用户对图书馆资源的访问效率。用户不再需要亲自前往图书馆，也不再受限于图书馆的开放时间。而且，通过移动应用，用户还可以更加方便地了解到图书馆的最新动态和活动信息，这无疑增加了用户对图书馆的使用体验和满意度。此外，移动应用还可以提供更加个性化的服务。例如，用户可以通过移动应用定制自己需要的书籍或者资料，图书馆会根据用户的需求定期为其更新资源。这种个性化的服务模式可以更好地满足用户的需求，提高用户对图书馆的信任度和依赖度。

#### 2. 实时互动与信息传递

移动应用不仅提供了资源的访问功能，更成为图书馆与用户之间实时互动的桥梁。通过移动应用，图书馆可以及时推送最新消息、活动通知、到期提醒等，确保用户能够时刻掌握图书馆的最新动态。这种实时的信息传递增强了用户与图书馆之间的连接，使用户感受到图书馆服务的温度。

### （二）移动应用的优势

#### 1. 便捷性

移动应用的便捷性是其最显著的优势之一。不受时间和地点的限制，用户可以在任何时间、任何地点访问图书馆的资源。这意味着，无论是深夜还是远方，只要有网络，用户就能享受到图书馆的服务。例如，当用户在外地出差或旅行时，他们仍然可以通过移动应用查询图书馆的藏书、预约书籍或参加线上活动，无需亲自前往图书馆。此外，移动应用通常支持离线模式，允许用户在没有网络连接的情况下访问部分资源，如已下载的电子书或已缓存的文章内容。这种离线访问功能进一步增强了移动应用的便捷性，确保用户在没有网络的情况下也能继续学习和阅读。

#### 2. 实时性

通过移动应用，图书馆可以实时推送消息、通知和更新，确保用户能够第一时间获取最新信息。例如，图书馆可以通过移动应用发布新书通报、活动预告或借阅到期提醒等。这种实时通信功能确保用户不会错过任何重要信息，从而提高了信息的传递效率。同时，用户也可以实时反馈问题、意见或建议。图书馆通常会在移动应用中设置一个反馈或帮助中心功能，允许用户提交问题报告或提供改进意见。图书馆可以根据用户的反馈及时调整服务策略、修复问题或增加新功能，以满足用户不断变化的需求。这种实时互动和

反馈机制有助于图书馆与用户之间建立更紧密的联系，并提高服务质量。

### 3. 个性化

移动应用可以根据用户的兴趣、需求和阅读习惯等提供个性化的推荐服务。通过分析用户的借阅记录、浏览历史和搜索行为等数据，图书馆可以了解用户的偏好和需求，并根据这些信息为用户提供个性化的推荐。例如，如果一个用户对历史书籍有浓厚的兴趣，图书馆可以向他推荐相关的历史书籍、讲座或展览。此外，个性化服务还包括定制化的界面和设置选项。用户可以根据自己的喜好调整应用的主题颜色、字体大小和语言偏好等设置，以获得更舒适和个性化的使用体验。这种个性化定制功能有助于增强用户对移动应用的归属感和满意度。

### 4. 互动性

移动应用提供了用户与图书馆之间互动的渠道。用户可以在应用上反馈问题、提出建议或参与社区讨论。图书馆可以积极回应用户的问题和反馈，提供及时的帮助和解决方案。这种互动和沟通有助于建立用户与图书馆之间的信任和合作关系。此外，移动应用还可以支持社交功能，如用户之间的分享、评论和点赞等。用户可以与其他读者交流阅读心得、分享书单或参与线上书友会等活动。这种社交互动有助于增强图书馆的社区氛围和用户参与度。

总之，移动应用通过便捷性、实时性、个性化和互动性等方面的优势，为用户提供了更高效的图书馆服务体验。图书馆可以借助移动应用拓展服务范围、提高服务质量并增强与用户的互动和联系。

## （三）移动应用的实践

### 1. 推送通知的深化应用

图书馆通过移动应用推送的不仅仅是简单的通知，而是与用户个人兴趣和借阅历史高度相关的信息。例如，对于热衷于某个特定领域研究的用户，当图书馆新进了相关主题的书籍或研究资料时，可以为其推送定制化的新书到货通知。此外，基于用户的借阅记录，图书馆还能预测用户的借阅到期时间，并提前发送提醒，确保用户不会因忘记还书而产生逾期费用。

## 2. 电子资源的丰富性

移动应用不仅提供了电子书籍和期刊，还集成了多种学术数据库、研究报告和在线课程等资源。这意味着用户可以随时随地深入研究所关心的主题，不受物理位置的限制。此外，为了增强电子资源的可读性，移动应用还支持多种阅读模式和笔记功能，使用户能够在阅读过程中进行标注和高亮，提高学习效果。

## 3. 预约服务的智能化

通过移动应用，图书馆为用户提供了智能化的预约服务。除了基础的座位和图书预约功能外，移动应用还能根据用户的历史预约记录和习惯为其推荐最佳的预约时段和位置。例如，对于经常在某个时间段预约的用户，移动应用可以自动为其在该时间段预留座位。此外，预约服务还与其他图书馆服务相结合，如与图书馆的研讨室或多功能厅预约相结合，为用户提供一站式的预约体验。

## 4. 在线咨询的专业化

移动应用的在线咨询功能不仅仅是简单的问答系统。图书馆配备了专业的咨询团队，通过应用实时回答用户的问题，提供建议和指导。这种专业化的咨询确保了用户能够获得准确和有用的信息。此外，为了提高咨询效率，应用还支持图片、语音和视频的上传，使用户能够更直观地描述问题和需求。同时，在线咨询功能还集成了常见问题解答（FAQ）和自助服务选项，使用户在咨询之前就能快速找到答案或解决问题。

## 5. 社交与分享功能

移动应用进一步增强了图书馆的社交属性。用户可以在应用内与其他读者交流心得、分享书单或评价书籍。这种社交互动不仅丰富了用户的阅读体验，还为图书馆提供了宝贵的用户反馈和改进建议。图书馆还可以通过移动应用组织在线活动、分享专家讲座或展示特色收藏，进一步拉近与用户的距离。

## 6. 安全与隐私保护

在为用户提供便捷服务的同时，移动应用也高度重视用户的隐私和数据安全。应用采用了先进的加密技术和安全措施，确保用户的个人信息和借阅

记录不会被泄露或滥用。此外,图书馆还定期审查和更新其隐私政策,确保其与最新的法律法规和标准保持一致。

总之,通过深化推送通知、丰富电子资源、智能化预约服务、专业化在线咨询、增强社交与分享功能以及加强安全与隐私保护等措施,图书馆的移动应用为用户提供了更加便捷、高效和个性化的服务体验。这不仅提高了图书馆资源的利用率和服务质量,还进一步拉近了图书馆与用户之间的距离,使其成为现代学习和研究不可或缺的工具。

### (四)移动应用的发展趋势

**1. 多元化服务**

增强现实(AR)和虚拟现实(VR)技术的融入将为图书馆带来前所未有的体验。例如,通过 AR 导览功能,用户可以在手机屏幕上看到图书馆的 3D 布局,轻松找到所需的书籍或区域。而 3D 图书展示则可以让用户在家就能预览图书的内容和结构,提高选书的效率。在线讲座、研讨会等也将成为移动应用的常态,打破物理限制,使知识传播更为广泛。

**2. 个性化推荐**

随着人工智能和大数据技术的深入发展,移动应用的个性化推荐将愈加精准。不仅可以为用户推荐相关的书籍和资源,还能根据用户的阅读习惯和时间分配为其定制阅读计划。例如,对于时间零碎的用户,应用可以推荐短篇文章或音频书籍;对于深度研究者,则可以推荐相关的学术论文和研究资料。

**3. 社交化功能**

未来的图书馆不再仅仅是知识的仓库,更是知识与人的连接点。移动应用的社交化功能将使用户能够在平台上分享自己的见解、评价书籍、参与话题讨论等。这不仅丰富了用户的阅读体验,还为图书馆提供了宝贵的反馈和改进方向。此外,通过社交化功能,图书馆还可以邀请作家、专家进行线上互动,进一步拉近与用户的距离。

**4. 无障碍性与包容性**

未来的移动应用将更加注重无障碍性设计,确保所有用户都能平等地访问和使用资源。这包括但不限于支持多种语言、提供文本到语音的转换、增大字体和对比度等功能，以满足不同用户的需求。

5. 数据安全与隐私保护

随着数字化进程的加速，数据安全和隐私保护成为用户和图书馆共同关注的焦点。移动应用将持续加强数据加密、访问控制等安全措施，确保用户的个人信息和借阅记录不被泄露或滥用。

6. 智能助手与语音交互

借助自然语言处理和语音识别技术，移动应用将为用户提供智能助手功能。用户可以通过语音与应用交互，查询信息、设置提醒或完成其他任务，使使用过程更加便捷高效。

## 二、个性化服务的核心价值

个性化服务在现代图书馆中的价值日益凸显，它代表了一种由"大众服务"向"个人定制服务"的转变，这种转变背后蕴含的是对每一位用户独特需求的尊重和满足，具体如下：

（一）提供更加贴心的服务体验

在当今社会，人们对知识和学习的需求日益增长。图书馆作为知识的海洋，自然成为人们寻求知识的重要场所。然而，每个人的阅读兴趣和学习需求都是独特的，如何满足这些不同的需求就成为图书馆面临的重要问题。通过提供个性化服务，图书馆能够针对每位用户的特性提供专门的服务，从而更贴心地满足他们的需求。以喜欢历史的用户为例，图书馆可以通过对用户历史类书籍的借阅记录进行分析，发现用户的兴趣所在，然后推荐相关的历史类书籍。这样的服务不仅满足了用户的阅读兴趣，还提高了用户对图书馆的满意度。对于正在准备考试的学生，图书馆可以提供相关的参考书目和学习方法，帮助他们更好地备考。这样的服务不仅有助于提高学生的学习成绩，还增强了学生对图书馆的归属感和忠诚度。个性化服务的优势在于它能够真正理解和关心每位用户的需求。通过为用户提供专门的服务，图书馆能够让

用户感受到自己的独特性和重要性。这种被关注和被理解的感觉，让用户对图书馆产生了更深的归属感和忠诚度。为了提供更好的个性化服务，图书馆需要不断了解用户的需求和兴趣。这可以通过与用户的交流、调查问卷、数据分析等方式实现。同时，图书馆还需要不断提高自身的服务水平，以满足用户不断增长的需求。

（二）促进用户的学习和成长

对于许多用户来说，图书馆不仅仅是一个借阅图书的地方，更是一个汲取知识、提升自我、实现成长的平台。在这个平台里，人们可以探索各种领域的知识，从文学到科学，从历史到哲学，不断地拓宽自己的视野，丰富精神世界。图书馆作为一个学习和成长的平台，有着不可替代的重要作用。在这个信息爆炸的时代，知识更新换代的速度极快，而图书馆则为用户提供了一个获取最新、最全面知识的渠道。通过为用户提供定制的阅读计划和学习路径，图书馆可以引导用户进行系统化、深度化的学习，帮助用户更好地实现自己的学习和发展目标。图书馆的丰富藏书和各种学习资源是吸引用户的重要因素。无论是学生、研究者还是终身学习者，都可以在这里找到自己需要的资料和书籍。同时，图书馆还提供了各种学习工具和设备，如计算机、打印机、扫描仪等，使用户可以在这里进行高效的学习和科研活动。除了物质资源外，图书馆还提供了许多学习和成长的机会。例如，图书馆会举办各种讲座、研讨会、读书会等活动，邀请专家学者进行授课、分享经验，使用户能够与他人交流思想、分享心得。此外，图书馆还会提供一些实践机会，如社会调查、文献检索等，帮助用户提高实际操作能力，更好地将理论知识应用到实践中。对于学生而言，图书馆不仅是一个自习的好地方，更是一个探索知识的宝库。在这里，学生可以找到各种参考书籍、辅导材料和学习资料，为课业做好充分的准备。同时，图书馆的安静氛围和严谨学风也能够引导学生培养良好的学习习惯和道德品质。对于研究者来说，图书馆是他们进行学术研究和著述的重要场所。在这里，他们可以查阅到各种学术期刊、博硕士论文等资源，了解最新的科研成果和学术动态。同时，图书馆的学术氛围和研究环境也能够激发研究者的灵感和创新思维。对于终身学习者来说，图书馆是他们实现自我提升和成长的重要平台。无论是在职场还是在生活中，都需要不断学习和进步。图书馆提供了丰富的学习资源和良好的学习环境，使终身学习者能够持续不断地汲取新知识、提高自己的能力和素质。

（三）增强图书馆的竞争力

在数字化、网络化高度发展的今天，用户获取信息的渠道越来越多样化，图书馆面临着来自各种信息渠道的激烈竞争。为了在这场信息服务大战中脱颖而出，图书馆必须提供独特且有价值的服务。其中，个性化服务正是这样一种具有竞争力的服务。个性化服务是一种基于用户需求和兴趣，为用户提供精准、定制化信息服务的模式。这种服务通过对用户的深入理解和精准服务，赢得了用户的青睐和信赖，从而增强了图书馆的竞争力。第一，个性化服务能够提高图书馆的信息服务质量。通过了解用户的需求和兴趣，图书馆可以提供更加精准、有用的信息，帮助用户解决实际问题。这种服务模式不仅能够提高用户的满意度，还能够提高图书馆的信息服务质量。第二，个性化服务能够增强图书馆的竞争力。在信息服务市场中，图书馆需要提供具有竞争力的服务来吸引用户。通过提供个性化服务，图书馆可以满足用户的个性化需求，提高用户的黏性和忠诚度，从而增强自身的竞争力。第三，个性化服务需要图书馆具备一定的条件，即：图书馆需要拥有丰富的信息资源和高素质的信息服务人员；需要具备先进的技术设备和信息技术手段；需要建立完善的用户管理和服务体系。

## 三、技术驱动的服务创新

为了实现上述个性化服务，图书馆需要借助先进的技术工具，如数据挖掘算法、用户行为分析工具等。这些工具可以帮助图书馆深入了解用户的兴趣、需求和行为模式，从而提供更为精准的服务。同时，图书馆也需要建立一个完善的数据收集、分析和反馈机制。这个机制可以确保个性化服务不是一次性的行为，而是一个持续优化的过程。通过收集用户的行为数据和反馈

意见，图书馆可以不断优化服务内容和推荐算法，提高个性化服务的精准度和用户满意度。此外，随着技术的发展，如 AI、机器学习等，图书馆的未来个性化服务有望更加智能和精准。例如，通过机器学习技术，图书馆的推荐系统可以自我学习和优化，为用户提供更为精准的建议。同时，AI 技术也可以帮助图书馆自动化完成一些日常任务，如图书借阅、排架等，提高工作效率和用户满意度。为了更好地实现个性化服务，图书馆还需要注重用户隐私的保护。在收集用户数据时，必须确保用户的个人信息不被泄露和滥用。同时，图书馆也需要建立一套有效的隐私保护机制，确保用户的隐私权益得到保障。

## 第三节　数据隐私与信息安全

随着数字化的深入，图书馆在日常运营过程中不可避免地会收集、处理和存储大量的用户数据，这包括用户的借阅记录、搜索历史、个人信息等。因此，确保数据隐私和信息安全对于图书馆而言，不仅是法律责任，更是对用户权益和信任的守护，具体内容如下：

### 一、信息安全的挑战

数字化大背景下，图书馆已不再仅仅是传统意义上的藏书楼，而是向着信息化、网络化的方向发展。然而，随着信息技术的不断革新，图书馆也面临着前所未有的信息安全挑战。网络攻击、数据泄露、恶意软件等安全问题层出不穷，对图书馆的信息系统构成了严重威胁。第一，图书馆作为一个信息集中的地方，储存了大量的个人信息和机构数据。这些数据包括读者的借阅记录、图书的库存信息、工作人员的个人信息等。一旦这些数据被非法获取或泄露，不仅会对图书馆的运营造成严重影响，更会对读者的隐私造成侵犯。第二，图书馆的信息系统常常会成为网络攻击的目标。黑客可能会利用图书馆的网络系统漏洞进行攻击，进而获取敏感信息或破坏数据。第三，恶意软件也是图书馆面临的一大威胁。这些软件可能会悄无声息地感染图书馆的服务器或个人设备,将图书馆的数据泄露给外部的攻击者。此外,随着云服务、物联网等新技术的应用,图书馆的信息安全风险进一步加大。这些技术的应用使得图书馆可以更加方便地存储和处理大量数据,但同时也增加了数据泄露的风险。由于这些技术具有开放性和互联性,使得黑客更容易通过这些渠道入侵图书馆的系统。面对这些挑战,图书馆必须时刻保持警惕,采取有效措施应对。第一,图书馆需要加强网络安全防护措施,建立完善的网络安全体系,防止黑客入侵和恶意软件的攻击。第二,图书馆需要加强对数据的保护和管理,确保读者的个人隐私和机构数据的安全。第三,图书馆还需要加强对工作人员的信息安全培训,增强工作人员的信息安全意识,防止内部信息泄露的发生。除了以上措施外,图书馆还需要积极应对新技术带来的挑战。例如,在应用云服务和物联网技术时,图书馆需要选择可靠的合作伙伴和安全可靠的解决方案。同时,图书馆还需要加强对新技术的学习和研究,以便更好地应对未来的信息安全挑战。

## 二、保障数据隐私和信息安全的措施

制定并执行严格的数据保护政策:明确告知用户数据的收集目的、使用方式、存储期限等,确保用户数据的处理合法、透明。同时,图书馆应遵守相关的法律法规,如 GDPR 等,确保合规性。

采用先进的安全技术:如数据加密、防火墙、入侵检测系统等,以预防、检测和应对各种网络攻击和数据泄露事件。此外,定期更新和升级安全设备和系统,确保其始终处于最佳状态。

定期进行安全审计和风险评估:通过专业的安全审计,图书馆可以及时发现并修复潜在的安全隐患。风险评估则可以帮助图书馆识别和评估新的安全风险,为制定应对策略提供依据。

培训工作人员和增强用户的安全意识:图书馆工作人员是信息安全的第一道防线,通过定期的培训和教育,提高他们对信息安全的认知和技能。同时,图书馆也应通过各种渠道增强用户的安全意识,如发布安全提示、举办安全

知识讲座等。

建立应急响应机制：尽管图书馆会采取各种预防措施，但信息安全事件仍有可能发生。因此，建立一套行之有效的应急响应机制至关重要。这包括事件的识别、报告、分析、处置和恢复等环节，确保在事件发生时能够迅速、有效地应对。

# 第七章　数字资源与知识管理

## 第一节　数字化藏书与特藏管理

### 一、数字化藏书的意义

数字化藏书，顾名思义，是将珍贵的传统纸质藏书转化为数字格式，这些藏书内容可以通过电子设备和网络平台进行存储与访问。这一转变不仅为图书馆的藏书带来了前所未有的便捷性和可访问性，还为图书馆运营带来了许多其他益处。第一，数字化藏书有助于资源的长期保存。纸质书籍在时间、环境等因素的影响下，容易发生损坏，而数字格式的藏书则可以长期保存，且不易受损。这一点对于图书馆来说至关重要，因为图书馆的使命之一就是保护和传承人类文化成果。数字格式的藏书可以有效解决这一问题，使珍贵的文献资料得以永久保存。第二，数字化藏书提高了资源的利用效率。用户可以通过电子设备随时随地访问图书馆的藏书，无需亲自前往图书馆，大大节省了时间和精力。这种便捷性是传统纸质藏书所无法比拟的。第三，数字化藏书还提供了更加丰富的信息检索功能，使用户可以更加方便地查找和阅读所需的资料。此外，数字化藏书还有助于提高图书馆的服务水平。通过数字化藏书，图书馆可以更加灵活地满足读者的需求。例如，图书馆可以通过网络平台提供24小时不间断的服务，使读者可以在任何时间、任何地点获取所需的资料。这种服务模式不仅可以提高读者的满意度，还可以拓展图书馆的服务范围，使其能够更好地满足社会公众的需求。

总之，在信息化时代，数字化藏书已经成为图书馆运营的重要趋势之一。通过数字化藏书，图书馆不仅可以更好地保护和传承人类文化成果，还可以

提高资源的利用效率和服务水平。因此，图书馆应该积极推动数字化藏书的发展，为人类文化事业的繁荣作出更大的贡献。

## 二、特藏管理的挑战与机遇

特藏，这一图书馆中的稀世珍宝，指的是那些具有特殊历史价值或学术意义的书籍，它们犹如图书馆的灵魂，需要被精心呵护和保存。对于这些特藏，图书馆需要采取不同于普通书籍的管理方式，以保障其安全和完整性。随着科技的进步，数字化技术为特藏管理带来了前所未有的机遇。通过高精度扫描和数字化保存，图书馆能够将这些特藏的每一个细节都完好地保存下来，确保其永久性和完整性。这样，不仅可以让更多的人有机会接触到这些珍贵的资料，而且还可以推动学术研究和文化传播。例如，一些古老的文献，由于其纸质和墨色的原因，随着时间的推移难免会受到损害。而通过数字化技术，这些文献可以得到完美的复制和保存。同时，数字化还可以让这些资料在互联网上得到更广泛的传播，让更多的人能够欣赏到这些珍贵的文献。然而，数字化也为特藏管理带来了一些挑战。例如，如何确保数字化过程的精度和真实性是一个关键问题。此外，如何平衡资源的开放访问与版权保护也是一个亟待解决的问题。为了解决这些问题，图书馆需要与专业的数字化机构合作，制定完善的数字化和保存策略。第一，图书馆需要确保数字化过程的精度和真实性。这可以通过采用高精度的扫描设备和技术来实现。同时，图书馆还需要制定严格的数字化标准和流程，以确保每一本书都能够被准确地数字化。第二，图书馆需要平衡资源的开放访问与版权保护。这意味着图书馆需要确保数字化后的特藏可以被更多人访问和研究的同时，也要保障版权所有者的权益。为此，图书馆可以通过与版权所有者协商并获得授权的方式来解决这一问题。此外，图书馆还可以通过设置访问权限和使用期限等方式来限制对特藏的访问和使用。

## 三、数字化藏书与特藏管理的策略与建议

以下是关于如何制定和实施图书馆藏书及特藏数字化计划的几点建议。

第一，明确馆藏书及特藏数字化的目标、范围和时间节点是至关重要的。在开始馆藏书及特藏数字化转型之前，图书馆或个人需要清晰地确定自己的目标，包括提高效率、改善用户体验、增加收入等。同时，还需要明确馆藏书及特藏数字化的范围，例如针对整个图书馆还是某个部门或项目。在明确了目标和范围后，可以制定一个切实可行的数字化时间表，以确保数字化工作的有序进行。第二，选择成熟的数字化技术和工具也是馆藏书及特藏数字化计划中的重要一环。图书馆或个人需要选择适合自己的技术和工具，例如人工智能、大数据分析、云计算等，以支持馆藏书及特藏数字化转型。第三，还需要关注技术的成熟度和稳定性，避免因技术问题导致数字化工作的不稳定或失败。在实施馆藏书及特藏数字化计划的过程中，强化版权保护与许可也是必不可少的一环。版权法规是保障数字资源版权的重要法律保障。遵守版权法规，与相关权益人合作，确保数字资源的合法使用，可以避免因版权问题导致的法律纠纷和经济损失。此外，提供用户教育与培训也是馆藏书及特藏数字化计划中的重要组成部分。随着数字技术的不断发展，用户对数字资源的需求也不断增加。通过教育和培训，可以提高用户对馆藏书及特藏数字资源的认识和使用能力，引导用户正确使用馆藏书及特藏数字资源，提高其数字素养。

## 第二节　开放数据与数字人文研究

随着数字化时代的到来，图书馆的角色也在发生变化。它们不仅是保存和传递知识的场所，还成为数字资源和技术的中心。开放数据和数字人文研究作为图书馆数字资源与知识管理的重要方面，为学术界和社会公众提供了新的研究视角和知识获取方式。

### 一、开放数据与图书馆

在数字化时代，数据被誉为新的石油，其价值日益凸显。对于图书馆而言，

开放数据不仅是一场变革，更是一种机遇。开放数据理念的引入，使图书馆从传统的藏书楼转变为数据的提供者、管理者和开放数据平台的搭建者，从而进一步巩固了其在信息时代的地位。

（一）数据的提供者

图书馆作为数据的提供者，坐拥海量的数字化资源，这些资源犹如一座丰富的宝藏，等待着人们去发掘。这些数据资源不仅包括书目信息、借阅记录，还涵盖了读者信息等各类信息。传统上，这些数据多半仅被图书馆内部使用，用以提升运营效率和服务质量。然而，开放数据的理念正在激励图书馆将这些数据以标准化的格式公之于众，从而推动数据的流动与利用。开放数据的理念在近年来逐渐深入人心，图书馆只有将所掌握的大量数据开放给公众，才可以促进数据的共享和价值的挖掘。这些数据资源的开放，不仅有助于提高公众对图书馆的认知，更能为各领域的研究提供宝贵的资料。比如，书目信息可以提供给学者深入研究某一领域的学术发展历程；借阅记录可以帮助社会学家分析读者的阅读习惯和趋势；读者信息则能为市场营销专家提供消费者行为分析的依据；等等。同时，开放数据还有助于提高图书馆的透明度和社会责任感。通过公开数据，图书馆可以更好地接受社会的监督和评价，不断改进自身的服务质量。此外，公众也可以通过这些数据了解图书馆的运营状况，从而更加充分地参与到图书馆的各项活动中来。当然，开放数据也面临着一些挑战。比如数据的标准化和安全性问题需要得到妥善解决。图书馆需要制定统一的数据格式和规范，确保数据的准确性和可读性；同时，对于涉及读者隐私的数据，图书馆必须严格保密，以保障读者的权益不受侵犯。

总之，开放数据的理念对于图书馆的发展具有深远的影响，它不仅有助于提高图书馆的运营效率和服务质量，还能促进知识的传播和社会的进步。因此，图书馆应该积极响应这一理念，不断探索和实践，将所掌握的数据资源更好地服务于社会大众。

## （二）数据的管理者

除了作为数据的提供者，图书馆还是数据的管理者。这意味着确保开放数据的准确性、完整性和可持续性是图书馆在数据管理中的重要目标。数据的准确性是确保数据质量的基础，只有准确的数据才能为读者提供更好的服务。为了确保数据的准确性，图书馆需要采取一系列措施，例如建立数据质量检查机制，定期对数据进行清洗和整理，以确保数据的准确性。此外，图书馆还需要对数据进行必要的验证和审核，以确保数据的准确性和可靠性。数据的完整性是确保数据能够被有效利用的关键。如果数据不完整，那么读者就无法获得完整的资料。为了确保数据的完整性，图书馆需要采取一系列措施，例如制定合理的数据收集政策，确保所有重要的数据都得到收集和保存。此外，图书馆还需要对数据进行备份和恢复，以防止数据丢失或损坏。数据的可持续性是指如何确保数据在长时间内都是可用和可访问的。如果数据不再可用或可访问，那么这些数据就会失去其价值。为了确保数据的可持续性，图书馆需要采取一系列措施，例如制定合理的数据保留政策，确保数据在合适的时间内得到保存并可供访问。此外，图书馆还需要考虑数据的存储和备份策略，以确保数据的可靠性和可持续性。在实现这些目标的过程中，图书馆还需要考虑如何利用现代技术手段来提高数据管理的效率和效果。例如，图书馆可以利用云计算、大数据分析等技术手段来提高数据处理的效率和精度。同时，图书馆还可以利用人工智能等技术手段来自动化处理一些繁琐的数据管理工作，提高工作效率。

## （三）开放数据平台的搭建者

除了直接提供和管理数据，图书馆也可以作为开放数据平台的搭建者发挥更大的作用。图书馆可以通过与其他机构合作，共同建设并维护一个开放数据平台，从而为学术研究和社会创新提供更加全面和丰富的数据资源。作为开放数据平台的搭建者，图书馆可以为研究者提供一个统一的、标准化的数据访问入口。这不仅可以方便研究者获取数据，还可以促进不同机构之间

的合作和交流。同时，通过与其他机构的合作，图书馆可以学习到更多的数据管理和开放经验，进一步提高自身的数据管理和服务水平。在开放数据平台的建设过程中，图书馆需要与其他机构进行深入的合作。这些机构包括博物馆、档案馆、高校、科研机构等，它们都有自己的数据资源，并且有着共同的目标，即促进数据的开放和共享。通过合作，这些机构可以共同制定数据开放的标准和规范，确保数据的准确性和可读性。同时，他们还可以共同开发和维护数据开放平台，确保平台的稳定性和安全性。在开放数据平台的建设中，图书馆还需要考虑如何有效地管理和维护数据。这包括数据的收集、存储、处理、发布和使用等环节。图书馆需要制定相应的政策和规范，确保数据的完整性和安全性。同时，图书馆还需要建立有效的数据管理机制，包括数据的备份和恢复、数据的更新和修正等。这些机制可以确保数据的准确性和可信度，从而为研究者提供更好的服务。除了管理和维护数据，图书馆还需要为研究者提供相关的技术支持和服务。这包括数据的检索、下载、分析、挖掘等环节。图书馆需要提供相应的工具和服务，帮助研究者更好地利用数据。同时，图书馆还可以为研究者提供相关的培训和指导，帮助他们更好地理解和使用数据。

## 二、数字人文研究与图书馆

### （一）图书馆的角色与资源

在数字人文研究的领域中，图书馆扮演着至关重要的角色。它不仅仅是一个藏书的地方，更是历史文献、特藏和其他珍贵资料的守护者。这些资源对于数字人文研究者来说，是探索历史、文化和社会现象的关键。第一，图书馆是各种珍贵文献的保存者。无论是古老的书籍、手稿、绘画还是音频、视频资料，图书馆都承担着保存和保护这些文献的责任。这些真实、详尽的历史证据和信息文献是历史的见证，为人们提供了了解过去、现在和未来的窗口。第二，图书馆还是一个信息检索和获取的重要场所。在数字化时代，图书馆的馆藏资源得到了进一步的丰富和拓展。通过图书馆的电子资源，研究者可以轻松地获取到各种学术期刊、研究报告和数据库等资源。这不仅大大提高了信息获取的效率，还能帮助研究者更好地了解学术前沿和动态。此外，图书馆还为数字人文研究提供了各种服务。例如，图书馆工作人员可以为研究者提供学科咨询、文献检索和引文分析等服务。这些服务可以帮助研究者更好地理解和应用各种数字技术，提高研究的质量和效率。

（二）图书馆与数字人文研究者的合作

数字人文研究者在探索人类文明的历史长河中，常常需要获取大量的数据来进行分析，以深入挖掘其中的规律和特征。在这个过程中，图书馆成为他们获取这些宝贵数据的宝库。图书馆不仅拥有海量的书籍、期刊等传统文献资源，还通过数字化手段将许多珍贵的历史文献和文化遗产进行了保存和整理。这为数字人文研究者提供了丰富的数据和便利的获取途径。

图书馆与数字人文研究者之间的紧密合作，确保了研究者能够获得所需的数据，同时也确保这些宝贵的数据能够得到妥善的保存和管理。这种合作体现了图书馆在数字人文研究中的重要地位和价值。图书馆工作人员在数据管理和数据挖掘方面拥有丰富的经验，他们了解如何有效地管理和维护这些数据，为研究者提供有价值的建议和支持。除了数据管理方面的支持外，图书馆还为数字人文研究提供了先进的技术支持。数字人文研究领域涉及多种复杂的数字技术，如文本挖掘、数据可视化等。现代化的图书馆往往配备了这些先进技术，并且拥有专业的技术人员，可以为研究者提供必要的技术指导和支持。这种技术支持为数字人文研究者提供了更多的机会和可能性，使他们能够更深入地探索人类文明的各个方面。此外，图书馆在数字人文研究中还扮演着提供者和推广者的角色。他们不仅为研究者提供了所需的数据和技术支持，还积极推广数字人文研究的成果和价值。如通过举办学术会议、展览等活动，促进数字人文领域的交流和合作，推动该领域的发展和创新。图书馆与数字人文研究者之间的合作是一种双赢的关系。这种合作不仅为研究者提供了丰富的数据和必要的技术支持，还确保了这些数据得到妥善的保存和管理。同时，图书馆通过参与数字人文研究，进一步发挥了其作为文化

和知识传播者的作用。这种合作对于推动人类文明的研究和发展具有重要的意义和价值。

（三）研究成果的转化与公共服务

数字人文研究与图书馆的合作，不仅在研究层面有着重要的价值，还在推动研究成果的转化方面发挥了积极的作用。这种合作不仅有助于将研究者的成果转化为公共服务，还为更广大的人群带来了实实在在的益处。第一，通过数字化展览，图书馆可以将研究者的成果以更加直观的方式展示给公众。数字化展览利用现代技术手段，将文化遗产、历史文献、艺术品等珍贵资料进行数字化处理，并借助多媒体技术进行展示。这使得公众可以更加便捷地了解历史和文化，增强了对人文学科的认知和理解。第二，在线讲座也是一种有效的合作方式。数字人文研究者可以通过在线讲座，分享他们的研究成果、方法以及学科前沿动态，为公众提供了一扇了解人文学科的窗口。这不仅增进了公众对人文学科的了解和兴趣，还推动了人文学科的普及和发展。此外，图书馆还可以通过数字化资源库的建设，为数字人文研究提供更加便捷的资源服务。数字人文研究需要大量的文献资料和数据支持，而图书馆作为信息资源的集散地，可以为研究者提供丰富的文献资源和专业的咨询服务。这种合作，不仅有助于提高数字人文研究的质量和水平，还进一步推动了图书馆的数字化转型和服务升级。

（四）图书馆的创新与未来发展

在数字人文研究领域，图书馆的作用不容忽视。它作为信息知识的储存者和传播者，一直以来都是人文研究的重要支撑。然而，随着科技的进步和研究的深入，图书馆的角色也在发生着变化。未来，图书馆将可能更多地采用先进的数字技术，如虚拟现实、增强现实等，为用户提供更为生动和真实的体验。第一，图书馆可以通过利用虚拟现实技术，为用户提供沉浸式的人文体验。例如，通过模拟古代文明的社会环境、历史事件等，使用户能够身临其境地感受当时的文化氛围和社会背景。这种体验方式不仅可以提高用户对历史文化的认识和理解,还能为人文研究提供更为真实可靠的资料。第二,增强现实技术也可以被广泛应用于图书馆服务中,通过将虚拟信息与现实场景相结合,图书馆可以为用户提供更为丰富多元的阅读体验。例如,在参观博物馆时,用户可以通过手机或平板电脑等设备看到虚拟解说员对展品的详细介绍和相关背景信息。这种体验方式,不仅可以提高用户的阅读兴趣和参与度,还能为人文研究提供更为直观、生动的展示方式。此外,图书馆还将更加注重与其他学科的交叉合作,尤其是与计算机科学、数据科学等,共同推动数字人文研究的发展。通过跨学科的合作,图书馆可以借助计算机科学和数据科学的技术优势,对人文资源进行更为深入的挖掘和分析。例如,利用大数据技术对古代文学作品进行主题分析和风格演变分析,从而深入探究文学的发展和演变过程。这种跨学科的合作,不仅可以推动数字人文研究的发展,还能为其他学科的研究提供有益的参考和借鉴。

### 三、开放数据与数字人文研究的融合

在信息化快速发展的时代背景下,开放数据与数字人文研究的融合在图书馆领域显得尤为重要。这两者之间的结合不仅有助于提升图书馆的服务质量,也为学者们提供了一个更加全面、深入的研究视角。

(一)开放数据作为数字人文研究的数据源

图书馆开放的大量数据,如借阅记录、读者信息、馆藏书目等,不仅为数字人文研究提供了宝贵的数据源,同时也为图书馆工作人员揭示了读者的阅读行为、兴趣偏好以及馆藏资源的利用情况。这些数据以丰富的细节和实证的方式,为图书馆工作人员理解读者的阅读习惯和文化趋势提供了有力的支持。第一,借阅记录是图书馆开放数据中最直接反映读者阅读行为的一部分。通过分析借阅记录,图书馆工作人员可以了解到读者分别在什么时间段选择了哪些书籍,哪些书籍被频繁借阅等。这些信息为图书馆工作人员揭示了读者的阅读兴趣和阅读习惯,从而帮助图书馆相关工作人员更好地理解读者的需求和行为。第二,读者信息也是数字人文研究的重要数据源。通过分

析读者信息，图书馆工作人员可以了解读者的性别、年龄、职业、学历等背景信息，进而分析这些因素如何影响他们的阅读行为和阅读偏好。这种分析不仅可以帮助工作人员理解个体的阅读行为，还可以揭示社会现象和群体特征。第三，馆藏书目数据提供了对馆藏资源利用情况的分析。通过分析馆藏书目数据，图书馆工作人员可以了解哪些书籍被收藏、哪些书籍被借阅、哪些书籍被遗弃等。这种分析可以帮助图书馆工作人员优化馆藏资源，提高图书馆的管理效率和服务质量。数字人文研究者通过运用数据分析和挖掘技术，从这些开放数据中提取有价值的信息，如可以揭示出读者的阅读习惯、文化趋势以及社会现象，进而为图书馆的管理和服务提供决策依据。例如，通过分析借阅记录和读者信息，数字人文研究者可以帮助图书馆制定更加精准的图书推荐策略，提高读者的阅读满意度；通过分析馆藏书目数据，数字人文研究者可以协助图书馆优化馆藏资源，提高图书馆的管理效率和服务质量。图书馆开放的大量数据为数字人文研究提供了宝贵的数据源，同时也为图书馆相关工作人员揭示了读者的阅读行为、兴趣偏好以及馆藏资源的利用情况。数字人文研究者通过运用数据分析和挖掘技术，从这些开放数据中提取有价值的信息，为图书馆的管理和服务提供决策依据。这种基于数据的决策方式将有助于提高图书馆的服务质量和效率，更好地满足读者的需求。

（二）数字人文研究技术助力开放数据的利用

数字人文研究的方法和技术，如文本挖掘、数据可视化、网络分析等，正以其强大的分析能力和创新性，帮助图书馆相关工作人员更好地理解和利用开放数据。这些技术为研究者提供了深入探索和理解大数据的新工具，从而改变了图书馆相关工作人员对数据的认识和利用方式。以大数据分析为例，研究者可以利用数据挖掘和机器学习技术对开放数据进行深度分析。通过这些技术，研究者能够发现隐藏在数据中的模式和趋势，为图书馆的管理和服务提供数据驱动的支持。这种支持不仅可以帮助图书馆更好地满足读者的需求，还可以优化图书馆的运营效率和服务质量。同时，这些技术也可以应用于图书馆的数字化藏书和特藏管理。例如，利用数据可视化技术，可以将图书馆的藏书和特藏以更直观、生动的方式展示出来。这种展示方式不仅可以提高资源的可利用性和可访问性，还可以帮助读者更好地理解和利用这些资源。此外，网络分析技术还可以用于揭示藏书和特藏之间的关系。这种关系可以表现为不同书籍之间的引用关系、主题关联或者作者之间的合作关系等。这些关系的揭示可以为学者提供更加全面的研究视角，帮助他们更好地理解和利用这些资源。数字人文研究的这些方法和技术不仅在图书馆领域有着广泛的应用，在其他领域也有着类似的应用。

（三）融合带来的创新与机遇

开放数据与数字人文研究的融合，不仅为图书馆的管理和服务提供了决策支持，还在多个方面推动了学术研究的创新。这种创新在研究方法、研究内容以及研究成果的应用等方面都有所体现。第一，在研究方法方面，研究者可以利用开放数据和数字人文研究技术，开展跨学科的研究项目。例如，通过数据挖掘和文本分析等数字人文研究方法，对开放数据进行深入挖掘和分析，从而得出新的学术观点和研究成果。这些成果又可以反过来丰富图书馆的服务内容，提高图书馆的管理水平和服务质量。第二，在研究内容方面，开放数据和数字人文研究的融合也为学术研究带来了新的研究方向和思路。例如，研究者可以利用开放数据，探究社会热点问题、文化现象、历史事件等主题。这种跨学科的研究成果不仅可以拓宽学术研究的领域，还可以为解决社会问题提供有力的支持。第三，在研究成果的应用方面，开放数据和数字人文研究的融合也具有很大的潜力。例如，研究者可以利用开放数据和数字人文研究技术，开发出新的服务项目或产品，如智能推荐系统、文化创意产品等。这些成果不仅可以满足用户多样化的需求，还可以为图书馆带来更多的发展机遇和经济效益。图书馆可以通过与数字人文研究机构的合作，共同推动开放数据的利用和研究。同时，图书馆也可以借助开放数据和数字人文研究的成果，开发新的服务项目，满足用户多样化的需求。例如，图书馆可以开展数字化展览、文化讲座等活动，吸引更多的用户前来参观和学习。开放数据与数字人文研究的融合在多个方面推动了学术研究的创新，为图书

馆的管理和服务提供了决策支持。因此，应该积极探索这种融合的未来发展方向和应用前景，为推动学术研究和图书馆事业的发展作出更大的贡献。

## 第三节　知识组织与语义网技术

随着数字图书馆的快速发展，海量的数字资源给图书馆的知识管理带来了新的挑战。为了更好地组织这些资源并提供高效的知识服务，图书馆需要借助先进的技术工具。

### 一、知识组织在图书馆数字资源管理中的重要性

在图书馆数字资源管理中，知识组织是一项核心任务。随着数字化的快速发展，图书馆面临的海量、异构的数字资源日益增多，如何有效地管理这些资源，使其能够便捷地被用户发现、理解和利用，就显得尤为重要。

（一）确保资源的有效存储和访问

图书馆，作为知识的海洋，一直以来都是信息的中心，它的首要任务就是确保资源的有效存储和访问。在当今信息爆炸的时代，图书馆需要采用先进的知识组织方法，对海量的数字资源进行系统化、结构化的处理，使其形成一个清晰的知识体系。第一，知识组织是一种科学的方法，它通过运用分类、标引、编目等手段，将无序的信息资源转化为有序的、可查询的系统。这种方法可以帮助图书馆对海量的数字资源进行有效的存储和处理，不仅确保了资源的准确存储，还大大提高了资源的可访问性。第二，通过知识组织的方法，图书馆可以将各种类型的数字资源整合到一个系统中，包括文本、图像、音频、视频等。这种全面的资源整合可以为用户提供更加全面的信息，使用户能够快速找到所需的信息。此外，图书馆还需要不断更新和完善自己的知识组织方法，以适应不断变化的信息环境和用户需求。同时，图书馆还需要加强与用户之间的互动和沟通，了解用户的需求和反馈，以便不断改进自己的服务。

## （二）满足用户的个性化需求

在数字化时代浪潮中，用户的需求日益呈现出多样化的趋势，传统的图书馆服务已经难以满足他们的个性化需求。为了应对这一挑战，图书馆必须进行深度的转型和创新，以提供更加贴心、精准的知识服务。第一，图书馆需要提供丰富的资源以满足用户的基本需求。这不仅包括传统的纸质书籍和期刊，还包括数字化的资源如电子书籍、在线数据库和研究资料等。通过这种方式，图书馆可以确保用户能够获取到所需的信息和知识，从而更好地满足他们的学术研究和日常生活需求。然而，提供丰富的资源只是第一步，在数字化时代，用户更加注重的是如何从海量信息中筛选出有价值的内容。因此，图书馆还需要为用户提供有针对性的知识服务，以满足他们的个性化需求。对此，可通过对用户的行为和兴趣的分析来实现。例如，图书馆可以通过用户的搜索历史和借阅记录，了解他们的阅读喜好和学术研究方向，然后为他们推荐相关的书籍和资料。为了更好地满足用户的需求，图书馆还需要进行知识组织。知识组织是对资源进行深度揭示和关联的过程。通过对资源进行语义分析和知识关联，图书馆可以为用户提供更加贴近其需求的知识服务。例如，图书馆可以通过对书籍和期刊进行主题分类和关键词提取，使用户能够更加方便地查找和浏览相关内容。此外，图书馆还可以通过引用分析和关联规则等手段，将相关的知识点进行串联和整合，使用户能够更加全面地了解某一领域的知识体系。除了提供丰富的资源和有针对性的知识服务外，图书馆还需要注重用户的体验和反馈。通过与用户的互动和沟通，图书馆可以更好地了解用户的需求和反馈，从而不断优化服务质量和提升用户体验。例如，图书馆可以通过在线调查问卷和用户评价等方式，收集用户的意见和建议，然后对服务进行改进和优化。

## （三）采用知识组织方法和技术

为了实现有效的知识组织，图书馆需要采用一系列的方法和技术。在这些方法和技术中，分类法、主题法、元数据描述等是最常用的。分类法是一

种将资源进行科学分类的方法，它可以根据资源的主题、类型、年代等特征，将资源划分为不同的类别。通过分类法，图书馆可以将资源形成一个层次清晰的知识体系，使读者能够更加清晰地了解资源的全貌和分布情况。主题法是一种深入揭示资源主题内容的方法。它通过对资源的主题进行分析和揭示，使用户能够更加精准地了解资源的主题内容和相关资源。主题法可以帮助图书馆提供更加个性化和精准的知识服务，提高用户对图书馆的满意度。元数据描述是一种为资源添加丰富描述信息的方法。它通过对资源的属性、特征等进行描述和标注，增强资源之间的互操作性。元数据描述可以帮助图书馆实现对资源的精细化管理，提高资源的利用率和共享率。

除了上述方法，图书馆还需要借助先进的技术工具，如知识图谱、语义网等，来增强知识组织的效果。这些技术可以为数字资源添加语义信息，描述资源之间的关系，进一步提高资源的可理解性和可互操作性。

## 二、语义网技术在图书馆数字资源管理中的应用

随着互联网技术的不断进步，语义网技术作为下一代互联网技术的重要组成部分，正在逐渐渗透到图书馆的数字资源管理中。这种技术为图书馆的数字资源管理带来了前所未有的机遇和挑战。

（一）增强资源的互操作性和可理解性

语义网技术的核心是为数据添加语义信息，即赋予数据一定的含义和语境。与传统的数据管理方式相比，语义网技术更注重对数据背后含义和关系的理解。在图书馆数字资源管理中，这种技术的应用为资源添加了语义标签和描述，从而明确地揭示了资源之间的关联和上下文关系。语义网技术的运用对图书馆数字资源管理产生了深远的影响。第一，通过为资源添加语义标签和描述，图书馆可以更加清晰地表达资源的内容和特点，从而使用户能够更加准确地理解资源的含义和价值。第二，语义网技术可以自动提取和整理资源中的关键信息，使用户能够更加便捷地获取所需的资源。此外，通过明确资源之间的关联和上下文关系，图书馆可以更好地组织和管理数字资源，

提高资源的可访问性和可重用性。在图书馆数字资源管理中应用语义网技术，还可以带来许多其他的好处。例如，通过自动提取和整理资源中的关键信息，可以减轻人工分类和整理资源的负担，提高工作效率。此外，通过明确资源之间的关联和上下文关系，可以促进知识的共享和传播，增强图书馆数字资源的利用价值。为了实现语义网技术在图书馆数字资源管理中的应用，需要采取一系列的措施。第一，需要建立统一的资源描述框架，以便对资源进行标准化的描述和分类。第二，需要开发高效的语义标签和描述工具，以便为资源添加语义信息。此外，还需要加强数字资源的建设和管理，提高资源的可获取性和可重用性。语义网技术在图书馆数字资源管理中的应用具有十分重要的意义。通过为数据添加语义信息，可以更加准确地表达资源的含义和价值，提高资源的可访问性和可重用性。同时，还可以促进知识的共享和传播，增强图书馆数字资源的利用价值。未来，随着技术的不断发展和应用场景的不断扩大，语义网技术将在图书馆数字资源管理中发挥更大的作用。

（二）语义搜索的准确性和高效性

图书馆传统的搜索方式，往往基于关键词匹配，这种方式虽然简单，但常常导致大量的冗余和不相关信息。在海量的数据资源中，用户往往需要花费大量的时间和精力去筛选和寻找所需信息。而语义搜索技术的出现，为图书馆搜索方式的改进提供了新的可能。语义搜索作为语义网技术的核心应用之一，通过理解用户的搜索意图，能够准确地捕捉到用户的真实需求。即使用户输入的词汇有所变化或不全，语义搜索也能够返回相关的结果。这种搜索方式的优势在于其强大的语义理解能力，能够有效地排除冗余和无关信息，提高搜索的准确性和效率。在图书馆中应用语义搜索技术，可以为用户提供更加准确和高效的搜索体验。用户只需要输入自己所需信息的关键词，语义搜索就能够快速地找到相关的书籍和资料。同时，语义搜索还能够根据用户的历史搜索记录和阅读习惯，推荐相关的书籍和资料，为用户提供更加个性化的阅读体验。此外，语义搜索还能够为图书馆提供更加准确和全面的书籍信息。传统的图书馆搜索方式往往只能够提供简单的书籍信息和简介，而语

义搜索则可以通过对书籍内容的深入分析和理解，提供更加详细和全面的书籍信息，帮助图书馆更好地了解书籍的受众和需求，为读者提供更加优质的服务。利用语义网技术，图书馆可以为用户提供更加准确和高效的搜索体验，同时提高图书馆的服务质量和读者满意度。随着技术的不断发展和应用，相信语义搜索将会成为图书馆中越来越重要的服务之一。

（三）智能推荐与个性化服务

在数字时代，图书馆面临着巨大的挑战和机遇。在信息爆炸的时代，为用户提供个性化服务已经成为图书馆的重要任务之一。而语义网技术的出现，为这一任务提供了有力的支持。语义网技术是一种智能化的网络技术，它可以通过分析用户的浏览历史、搜索行为等信息，结合资源的语义描述，对用户的需求进行智能化的分析，为用户提供与其兴趣和需求相匹配的推荐。这种个性化服务不仅可以提高用户对资源的利用率，还能进一步增强用户对图书馆的黏性。具体来说，语义网技术可以应用于图书馆的多个方面。第一，在资源建设方面，图书馆可以利用语义网技术对资源进行深度的挖掘和描述，将传统的文献资源转化为数字化的信息，并对其进行智能化的分类和标注。这样不仅可以方便用户进行搜索和浏览，还能提高资源的利用率和共享率。第二，在用户服务方面，图书馆可以通过分析用户的浏览历史、搜索行为等信息，了解用户的需求和兴趣，结合资源的语义描述，为用户提供个性化的推荐服务。这种服务可以是针对某一类人群的推荐，也可以是针对某个特定用户的推荐。此外，在图书馆管理方面，语义网技术也可以发挥重要作用。例如，图书馆可以利用语义网技术对馆藏资源进行智能化的管理和维护，对借阅数据进行深度挖掘和分析，以便更好地满足用户的需求和提高服务质量。

## 三、知识组织与语义网技术的融合

随着信息化和数字化的深入，图书馆的数字资源管理已经逐渐从简单的数据存储和检索转向了更加复杂和高级的知识组织和知识服务。在这一转型过程中，知识组织和语义网技术的融合显得尤为重要。

（一）融合的基础：知识组织提供的框架

在数字时代，图书馆的资源形式越来越多样化，如何有效地管理和组织这些资源就成了一个重要的问题。知识组织作为一门专门的技术，通过分类、主题、元数据等方法对数字资源进行整理、归纳和标记，使得图书馆能够将这些资源有序地组织起来，方便用户进行检索和利用。分类是知识组织中常用的一种方法，它是将资源按照其所属的学科、主题、类型等进行划分，形成一个层次结构。通过分类，数字资源能够被安排在一个有序的体系中，不仅方便了资源的存储和检索，也为用户提供了一个清晰的知识导航路径。主题则是知识组织中的另一种常用方法。它是将数字资源按照其涉及的主要内容进行标记，例如"文学""历史""科学"等。通过主题，用户能够更加方便地找到自己感兴趣的资源，也能够帮助图书馆对资源进行更加细致的分类和组织。元数据是知识组织中的另一种重要技术。它是一种用于描述数字资源的元信息，包括资源的标题、作者、出版日期、关键词等。元数据不仅为数字资源提供了一种通用的描述方式，也为图书馆提供了一种对资源进行组织和检索的方式。同时，元数据还可以用于实现数字资源的共享和交换，提高资源的利用效率。

知识组织是图书馆管理数字资源的基础。通过分类、主题、元数据等方法，知识组织为数字资源提供了一个清晰、逻辑的框架，确保了资源的有效存储和访问，更为用户提供了一个初步的知识导航体系。随着数字时代的不断发展，知识组织技术也将不断进步和完善，为图书馆和用户提供更加高效、便捷的资源管理和利用方式。

（二）语义网技术的增强作用

在知识组织的框架下，语义网技术以其强大的语义处理能力和智能化特性，为知识组织增添了更多维度和深度。这种技术的引入，使得数字资源的组织和利用不再局限于传统的分类和关键词搜索，而是可以通过对资源的深入理解和语义关系分析，实现更为精准和智能的知识服务。第一，语义网技

术可以为数字资源添加丰富的语义标签和描述。这些标签和描述基于资源的内在特征和上下文关系，为资源赋予了更为精确的语义信息。这不仅使得资源的描述更加丰富、准确，也进一步明确了资源之间的关联和上下文关系。例如，通过使用语义标签，图书馆相关工作人员可以轻易地识别出一组图片中哪些是风景，哪些是人物，从而更好地理解这些图片的内容和主题。第二，基于这些语义信息，可以实现更为智能的搜索和推荐功能。传统的搜索方式往往基于关键词匹配，这种方式虽然简单但却有着搜索精度不高、无法理解复杂查询意图等局限性。而基于语义信息的搜索方式，可以通过对用户查询意图的分析和资源的语义描述进行匹配，为用户提供更为精准的搜索结果。此外，语义网技术还可以根据用户的兴趣和历史行为，为用户推荐相关的资源，实现个性化的知识服务。此外，基于语义网技术的数据挖掘和分析，还可以帮助图书馆等知识服务机构更加深入地了解用户的需求和行为。通过对用户搜索历史、浏览记录等数据的分析，可以挖掘出用户的兴趣爱好、阅读习惯等信息，从而为不同用户提供更贴合需求的知识服务。例如，对于喜欢阅读小说的用户，可以为其推荐更多符合其口味的小说资源。语义网技术的引入为知识组织带来了新的机遇和挑战。通过这种技术，可以更好地理解资源的语义信息和用户的需求，实现更为精准和智能的知识服务。未来，随着技术的不断发展，期待这种技术在知识组织领域发挥更大的作用，为人类知识的传播和应用带来更大的价值。

（三）融合后的优势

知识组织和语义网技术的融合为图书馆数字资源管理带来了诸多优势。这种融合技术的运用显著提高了资源的可发现性和可理解性，使用户可以更加准确地找到所需的资源，并深入理解资源的内容和上下文关系。第一，通过知识组织和语义网技术的融合，图书馆的数字资源管理变得更加智能化和自动化。这使得图书馆能够更快速、准确地处理大量的数字资源，并为用户提供更便捷、高效的资源检索服务。同时，这种融合技术还可以对数字资源进行深度的分析和理解，从而更好地揭示和挖掘出资源中的知识。第二，这种融合技术可以为用户提供更加个性化的服务。基于用户的兴趣和行为，以及资源的语义描述，图书馆可以为用户定制推送相关资源和知识。这使得用户能够更加方便地获取所需的资源，并更好地利用这些资源。同时，这种个性化服务还能够提高用户对图书馆的满意度和忠诚度。此外，知识组织和语义网技术的融合还为图书馆的学术研究和服务创新提供了坚实的基础。这种融合技术使得图书馆能够更好地管理和组织数字资源，从而为学术研究提供更好的支持。同时，这种融合技术还能够促进图书馆的服务创新，为图书馆带来更多的发展机遇和挑战。知识组织和语义网技术的融合为图书馆数字资源管理带来了诸多优势。如前所述，这种融合技术提高了资源的可发现性和可理解性，为用户提供更加个性化的服务，并为图书馆的学术研究和服务创新提供了坚实的基础。随着技术的不断发展和进步，相信这种融合技术将会在未来的图书馆数字资源管理中发挥更加重要的作用。

# 第八章 结论与建议

## 第一节 研究总结与贡献

随着信息技术的迅猛发展和全球数字化的趋势，图书馆的数字化转型已成为当今时代的必然选择。在这场深刻的变革中，图书馆面临着巨大的挑战，但同时也孕育着无限的创新和机遇。

**一、智慧化时代图书馆的创新与发展**

随着信息技术的迅猛发展和全球数字化的趋势，图书馆的数字化转型已经成为当代图书馆发展的重要主题。这一转型不仅涉及技术的更新换代，更需要对服务模式、资源管理和知识传播方式进行全面的创新。

（一）数字化服务创新

在数字化转型过程中，图书馆的服务模式发生了深刻的变革。传统的借阅和咨询服务已经逐渐被多元化的数字和服务所取代。例如，数字化参考咨询服务通过在线平台为用户提供 24 小时的咨询服务，使用户能够随时随地获取信息和知识。此外，虚拟图书馆和在线学习支持服务也为用户提供了更加便捷和高效的学习体验。这些数字化服务的创新不仅满足了用户的多样化需求，也提高了图书馆服务的效率和质量。

（二）以用户体验为中心

在数字化时代，用户体验已经成为图书馆服务的重要考量因素。为了满足用户的期望和需求，图书馆需要不断地进行用户研究和体验优化。这包括对用户界面的设计进行深入研究，以提高易用性和可访问性；对移动应用进行优化，以满足用户在不同设备上的使用需求；对数据隐私和信息安全进行保障，以维护用户的信任和满意度。秉持以用户体验为中心的设计和服务理念，图书馆可以更加有效地吸引和服务用户，提高其在社会和文化领域的影响力。

（三）数字资源与知识管理

随着数字资源的日益增多，如何有效地管理这些资源并进行知识组织和创新已经成为图书馆面临的新课题。图书馆需要建立完善的数字资源管理体系，包括资源的采集、整理、保存和利用等环节。同时，利用开放数据和语义网技术进行知识组织和创新也是图书馆数字化转型的重要方向。通过开放获取和共享数据，图书馆可以促进学术界的合作和创新，推动知识的传播和应用。

（四）社交媒体与社群参与

在数字化转型过程中，图书馆不再是一个孤立的存在，而是与社会、用户紧密互动的社群。通过社交媒体和在线社区，图书馆可以增强与读者的互动，推动文化的传播和影响。例如，通过在社交媒体上发布阅读推广信息、开展在线讲座和展览等活动，图书馆可以吸引更多的用户关注和参与。同时，通过建立在线社区和读者参与平台，图书馆也可以收集用户的反馈和建议，进一步完善服务和资源建设。

（五）数字化文化遗产保护与传承

数字化技术为文化遗产的保护和传承提供了新的可能。通过数字化档案馆、开放文化数据等项目，图书馆可以在保护文化遗产的同时，促进文化的创新和传播。例如，利用数字化技术对古籍、手稿等珍贵文献进行数字化保存和整理，可以使这些文化遗产得到更好的保护和传承。同时，通过开放获取和共享这些数据，可以促进学术界的合作和研究，推动文化的创新和发展。

通过对图书馆的数字化转型进行研究总结可以看出，图书馆的数字化转型是一个复杂而又充满机遇的过程。通过不断的技术创新和服务创新，图书馆可以在数字化时代继续发挥其作为知识中心和文化传播中心的重要作用。未来，随着技术的不断进步和用户需求的变化，图书馆的数字化转型将面临更多的挑战和机遇。因此，图书馆需要继续积极探索和创新，以更加开放、包容的姿态迎接新的挑战和机遇。

## 二、图书馆数字化转型的研究贡献

### （一）推动图书馆行业的现代化进程

在信息时代，图书馆的角色和功能已经发生了深刻的变化。通过对数字化转型的深入研究，图书馆得以了解和应用最新的信息技术，如人工智能、大数据和云计算等，从而实现其服务、管理和运营的现代化。这不仅使图书馆能够跟上时代的步伐，满足现代用户的需求，还为图书馆行业的长期发展奠定了坚实的基础。

### （二）拓展图书馆的服务模式与功能

传统的图书馆服务主要集中在借阅和咨询上；而数字化转型研究为图书馆带来了更多的可能性，如虚拟参考咨询、在线讲座、数字展览、远程学习支持等。这些新的服务模式不仅突破了时间和空间的限制，为用户提供了更加便捷和多样的服务体验，还使得图书馆的功能得到了极大的拓展，从而更好地服务用户。

### （三）优化用户体验与提高满意度

用户体验是图书馆数字化转型的核心考量之一。通过对用户行为、需求和期望的深入研究，图书馆得以优化其数字平台和服务的设计，确保用户能够方便、快捷地找到所需的信息和资源。同时，数字化转型还推动了图书馆的个性化服务发展，如基于用户画像的推荐系统、定制化的学习路径等，从而提高了用户的满意度和忠诚度。

（四）促进数字资源的有效管理与利用

随着数字资源的日益增多，如何对其进行有效的管理和利用成为图书馆面临的重要问题。数字化转型研究为图书馆提供了最佳实践和方法，包括数字资源的采集、整理、保存、检索和利用等。这不仅确保了数字资源的长期保存和可用性，还为学术研究和教育提供了丰富的资源支持。

（五）增强图书馆的社会影响

通过社交媒体和在线社区的应用，图书馆得以与读者建立更紧密的联系，增强其社会影响力。这不仅体现在图书馆与用户之间的互动增加，还体现在图书馆能够更广泛地传播和推广其资源和服务，从而吸引更多的用户参与和支持。此外，图书馆的数字化转型还为文化传播和发展提供了新的平台，如数字人文项目、开放获取政策等，从而推动了文化的创新和传播。

（六）推动文化遗产的数字化保存与传承

珍贵的历史文献和文化遗产是图书馆的重要组成部分。通过数字化转型研究，图书馆得以应用最新的数字技术对这些文化遗产进行数字化保存和传承。这不仅确保了这些珍贵资源的长期保存和可用性，还为学术研究、教育和文化传播提供了丰富的资源支持。同时，通过开放获取和共享这些数据，图书馆还促进了学术界的合作和研究，推动了文化的创新和发展。

（七）为其他文化机构提供借鉴与参考

作为文化行业的重要组成部分，图书馆的数字化转型经验可以为其他文化机构，如博物馆、档案馆等提供有益的参考和借鉴。通过对图书馆数字化转型的研究和总结，这些机构可以了解和应用最新的信息技术和服务模式，从而实现其自身的数字化转型和现代化发展。这不仅有利于整个文化行业的长期发展，还可以为社会和用户提供更加丰富多样的文化资源和服务。

总之，图书馆数字化转型的研究贡献是多方面的，不仅推动了图书馆自身的创新和发展，还对整个社会和文化领域产生了深远的影响。通过不断的研究和探索，图书馆可以在数字化时代继续发挥其作为知识中心和文化传播中心的重要作用。

## 第二节 为图书馆数字化转型提供的建议

在图书馆数字化转型的过程中，结合上述的研究和结论，以下提供一些建议，以帮助图书馆更好地应对转型挑战，实现成功转型。

### 一、制定全面的数字化转型规划

为了确保数字化转型的成功，图书馆必须制定一份全面的规划，明确转型的目标、时间节点、资源投入和优先级。这份规划不仅需要清晰地定义出图书馆希望达到的状态，还要详细规划出实现这些目标的具体步骤和时间表。在制定规划的过程中，图书馆需要对现有的服务、资源和技术的能力进行全面的评估，以确定哪些方面需要进行改进或替换。这种评估可以使得图书馆更加了解自身的优势和劣势，从而在转型过程中更加有针对性地进行改进。除此之外，图书馆在数字化转型过程中也不能忽视与利益相关者之间的沟通和合作。这包括与员工、用户、合作伙伴等进行广泛的交流和合作。通过与员工的沟通，图书馆可以了解员工对于数字化转型的看法和建议，从而更好地协调工作，提高工作效率。与用户的沟通则可以帮助图书馆更好地了解用户的需求和期望，从而提供更加符合用户需求的服务。与合作伙伴的沟通则可以使得图书馆更好地了解行业的发展趋势和技术进步，从而更好地应对未来的挑战。在数字化转型的过程中，图书馆还需要注重数据分析和监控，以确保转型过程中的各项指标得到有效的监控和评估。这包括对图书馆的访问量、借阅量、资源使用率等数据的分析和监控。通过对这些数据的分析，图书馆可以更加了解用户的需求和行为习惯，从而更好地优化自身的服务。同

第八章　结论与建议

时，数据分析和监控也可以帮助图书馆及时发现转型过程中可能存在的问题，从而及时进行调整和改进。最后，图书馆在数字化转型的过程中还需要注重创新和探索。这包括尝试新的服务模式、技术应用和业务模式等。通过创新和探索，图书馆可以更好地适应数字化时代的需求，提供更加符合用户需求的服务。同时，创新和探索也可以帮助图书馆在竞争激烈的市场中保持自身的竞争优势。

## 二、加强用户研究和行为分析

了解用户的需求和行为是优化服务的关键，这一点在图书馆行业中同样至关重要。为了提供更优质的服务，图书馆必须密切关注用户的需求和行为，并对其进行深入的研究和分析。

首先，通过用户调研、访谈和问卷调查等方式，图书馆可以定期收集和分析用户的反馈和建议。这些反馈包括用户对图书馆的看法、使用体验、需求和期望等。通过这些反馈，图书馆可以了解用户的需求和行为，进而优化其服务。例如，如果用户反映在借书过程中感到不便，图书馆可以采取措施简化借书流程，提高借书效率。此外，应用数据分析工具对用户在数字平台上的行为进行深入挖掘也是了解用户需求和行为的重要手段。这些数据包括用户在图书馆网站上的浏览记录、搜索历史、下载行为等。通过这些数据，图书馆可以发现用户的偏好、使用习惯和潜在需求。例如，如果数据显示大部分用户在晚上使用图书馆的数字资源，图书馆可以在晚上增加服务器的容量，提高服务速度。了解用户的需求和行为不仅可以帮助图书馆提供更优质的服务，还可以提高图书馆的效率和质量。例如，如果图书馆发现某些书籍的借阅次数非常高，但归还率却很低，那么图书馆可以增加这些书籍的复本量，从而更好地满足用户的需求。

## 三、积极引进和创新技术应用

图书馆在当今社会中扮演着重要的角色，它是知识和信息的海洋，为人们提供了学习和研究的场所。然而，随着科技的不断发展，图书馆也需要保

持对新兴技术的敏感性，更好地服务于读者。其中，人工智能、虚拟现实、区块链等新兴技术为图书馆带来了新的机遇和挑战。人工智能是一项强大的技术，可以极大地提高图书馆的运营效率和服务质量。例如，图书馆可以利用人工智能技术来开发智能搜索和推荐系统，帮助读者更快地找到他们需要的资源。通过分析读者的借阅记录和搜索历史，系统可以学习到读者的兴趣和偏好，从而为他们推荐更加精准的书籍和资料。此外，人工智能还可以用于图书馆的自动化管理，例如自动排架、自动借还书等，从而节省了大量的人力资源。虚拟现实技术也为图书馆带来了新的可能性。通过虚拟现实技术，图书馆可以为用户提供更加沉浸式的阅读和学习体验。例如，对于一些古籍或稀有文献，由于数量有限，无法满足大量读者的需求。而通过虚拟现实技术，图书馆可以将这些珍贵的文献进行数字化处理，让读者可以在家中通过虚拟现实设备进行阅读和学习。这不仅可以保护这些珍贵的文献，还可以为更多的人提供方便。区块链技术则为图书馆提供了更加安全和可靠的服务。在数字时代，版权问题一直是困扰图书馆和读者的难题，而通过区块链技术，图书馆可以确定数字资源的版权和溯源。通过将数字资源上传到区块链上，图书馆可以为其添加一个不可篡改的唯一标识符，从而防止盗版和侵权行为的发生。此外，区块链技术还可以用于图书馆的借阅管理，如利用智能合约实现自动扣费和归还等功能。

## 四、建立完善的数字资源管理体系

数字资源管理是图书馆数字化转型中的重要环节。随着图书馆的数字化进程不断加速，数字资源的数量和种类也在不断增加。为了更好地管理和利用这些资源，图书馆需要建立一个统一的数字资源管理平台。这个平台可以实现资源的集中存储、检索和共享，提高资源的利用效率。在建立数字资源管理平台的同时，图书馆还需要制定数字资源的元数据标准和质量控制流程。元数据是数字资源的"身份证"，它包含了资源的各种信息，如作者、出版日期、资源类型等。通过制定标准，可以确保资源的元数据信息的准确性和完整性。而质量控制流程则可以保证数字资源的整体质量，包括资源的可读性、准确性、完整性等方面。为了实现这个目标，图书馆可以借鉴国际上已有的数字资源管理标准和质量控制方法，结合自身的实际情况进行制定。同时，图书馆还需加强与各方的合作，包括出版社、学术机构、科研机构等，共同推动数字资源管理的标准化和规范化。除了以上这些措施，图书馆还需要加强数字资源的宣传和推广工作。通过各种途径，如官方网站、社交媒体、学术交流活动等，向读者介绍数字资源的优势和特点，引导他们更好地利用这些资源。

### 五、拓展社群参与和合作模式

图书馆作为知识的海洋和文化的交汇点，在当今社会中仍然扮演着重要的角色。随着科技的发展，图书馆已经不仅是实体建筑中的藏书库，更是通过各种数字化手段与用户和其他机构建立紧密联系的桥梁。通过社交媒体、在线社区和合作项目等方式，图书馆可以进一步扩大自己的影响力，更好地服务于社会。首先，社交媒体可以为图书馆提供一种与用户互动的新途径。在社交媒体平台上，图书馆可以发布各种信息，包括新书推荐、活动通知、学术讲座等，同时也可以通过评论和回复与用户进行互动。这不仅可以提高图书馆的知名度，还可以及时收集用户反馈，进一步改进服务。其次，在线社区的建立可以让用户更加便捷地分享阅读心得和资源。图书馆可以通过在线社区平台，鼓励用户上传自己推荐的书籍、文章或者视频，并分享自己的阅读感悟和心得。这样不仅可以增加用户的参与感和归属感，还可以为图书馆提供一种新的资源发现机制，促进知识的传播和共享。此外，与其他文化机构合作举办线上展览和活动也是图书馆扩大影响力的有效途径。图书馆可以与博物馆、美术馆、剧院等文化机构合作，共同推出线上展览、讲座、演出等活动。这样不仅可以丰富图书馆的服务内容，还可以通过合作实现资源共享，提高整体的文化服务水平。最后，图书馆还可以与企业和研究机构建立合作关系，共同开发数字资源和服务。图书馆拥有丰富的信息资源和服务经验，而企业和研究机构则具有先进的技术和丰富的实践经验。通过合作，可以进一步挖掘图书馆的潜力，为企业和研究机构提供更加精准、高效的信

息服务和技术支持。

## 六、重视文化遗产的数字化保护和利用

图书馆，这一人类知识的宝库，蕴藏着无数珍贵的历史文献和文化遗产。这些资源犹如时间的见证者，既揭示了过去，也指引了未来。然而，这些文献和文化遗产正面临着保存与传承的挑战。为了更好地传承和发扬这些无价的精神财富，图书馆应采取系统的数字化保护和利用措施。首先，采用专业的扫描和处理技术对文献进行数字化是必要的。随着时间的推移，纸质文献往往会出现虫蛀、霉变等问题，而数字化则可以将这些文献永久保存下来。通过高精度的扫描设备，将文献转化为数字图像，再利用OCR技术将其转化为可编辑的文本，这样就可以确保文献的完整性和可读性。同时，对于那些已经数字化的文献，也需要进行合理的分类和索引，以便读者能够轻松地搜索和查阅。其次，建立数字化档案库进行长期保存是关键。数字化虽然解决了文献的保存问题，但如何确保数字信息的长期保存仍是重要课题。图书馆应该采用可靠的存储介质和备份方案，确保数字信息的稳定性和安全性。此外，还需要定期对数字档案进行审查和更新，以应对可能出现的技术过时和数据丢失问题。再者，图书馆应积极开展数字人文项目，对这些资源进行深入研究和开发。数字人文是一种借助数字技术来进行人文研究的新兴学科，它可以帮助人们更好地理解和传承人类的文化遗产。通过开展数字人文项目，图书馆可以将这些资源转化为具有学术价值的数字资产，为学者们提供更加全面和深入的研究资料。此外，图书馆还可以通过数字化展览、在线教育等方式，将这些资源呈现给更广泛的读者。数字化展览可以打破时间和空间的限制，让更多的人接触到这些珍贵的历史文献和文化遗产。在线教育则可以通过互动式的学习方式，激发读者对历史文化的兴趣和热情。

# 参考文献

[1] 初景利,任娇菡,王译晗.从数字图书馆到智慧图书馆[J].大学图书馆学报,2022,40(2):52-58.

[2] 文禹衡,杨长元.数字图书馆隐私合规评估词典构建与应用[J].数字图书馆论坛,2023,19(6):60-68.

[3] 闫健.德国数字图书馆建设实践及特色[J].数字图书馆论坛,2022(2):53-59.

[4] 孙美婷.公共图书馆数字图书馆建设思路探索[J].华东纸业,2023,53(2):29-32.

[5] 张小燕.大数据背景下的数字图书馆建设策略[J].数字通信世界,2023(10):169-171.

[6] 黄务兰,张涛,蒋博.数字图书馆智库服务体系研究[J].数字图书馆论坛,2021(2):34-39.

[7] 李向宁.虚拟现实技术在数字图书馆的应用[J].现代农村科技,2023(1):86-87.

[8] 李艺浩,董楠楠.军队职业院校数字图书馆建设探讨[J].办公室业务,2023(19):178-180.

[9] 袁帆,李佳.数字图书馆中长尾效应的实证研究[J].江苏科技信息,2023,40(27):54-57.

[10] 李丹.数字图书馆教育赋能高校人才培养探赜[J].河南图书馆学刊,2023,43(8):57-58,61.

[11] 王丽萍.新媒体资源与数字图书馆整合措施探析[J].新闻研究导刊,

2023，14（13）：160-162.

[12] 李玉珑．共享经济模式下数字图书馆的转型探索[J].盐城工学院学报（社会科学版），2023，36（4）：74-77.

[13] 杨莞吉．信息融合技术在数字图书馆中的应用分析[J].信息记录材料，2023，24（3）：77-79.

[14] 柯尊彬，梁小丽，邓卓恒，等．数字图书馆在医院长远发展中的应用研究[J].办公室业务，2023（7）：190-192.

[15] 李伟超，王晓静，王浩龙，等．数字图书馆用户信用管理体系研究[J].管理工程师，2023，28（1）：29-34.

[16] 李曹俊．数字图书馆资源联合建设的共建共享[J].科技资讯，2023，21（12）：228-231.

[17] 李红．数字图书馆标准规范与实现技术应用研究[J].大众标准化，2023（6）：7-9.

[18] 姜媛媛．数字图书馆个性化定制服务研究[J].产业与科技论坛，2023，22（10）：281-282.

[19] 董志娜．现代数字图书馆的个性化信息检索研究[J].信息系统工程，2023（7）：91-94.

[20] 薛海潮．数字图书馆计算机网络安全技术分析[J].信息系统工程，2023（9）：35-38.

[21] 蒋文华．微媒体下的数字图书馆阅读推广探讨[J].数字通信世界，2023（7）：194-196.

[22] 胡祥辉．计算机技术在数字图书馆中的应用[J].集成电路应用，2023，40（7）：156-157.

[23] 吴咏真．21世纪我国数字图书馆建设的关键技术研究[J].江苏科技信息，2023，40（18）：28-34.

[24] 朱玉来．大数据时代数字图书馆建设的策略分析[J].信息记录材料，2023，24（9）：50-52.

[25] 张宇．高校数字图书馆网络信息安全策略[J].中国科技纵横，2023（1）：

56-58.

[26] 李瑞. 元宇宙时代数字图书馆的功能定位与服务变革[J]. 四川图书馆学报, 2023（2）: 17-21.

[27] 谷少朋. 数字图书馆的网络信息安全[J]. 通信电源技术, 2022, 39（4）: 153-154, 157.

[28] 刘倩. 基于成本效益分析的高校数字图书馆建设研究[J]. 艺术科技, 2023, 36（22）: 162-166, 245.

[29] 朱叶. 基于智能化人机交互技术的数字图书馆研究[J]. 无线互联科技, 2023, 20（3）: 22-24.

[30] 董志娜. 大数据时代数字图书馆馆藏元数据体系的探索[J]. 信息系统工程, 2023（5）: 109-111.